Yuki Ota Fencing Visualized Project - MORE ENJOY FENCING

TEAM INNOVATION
チーム・イノベーション

ヒト・カネ・モノのない組織の立て直し方

宮脇信介
Miyawaki Nobusuke

徳間書店

はじめに

2021年7月30日。

千葉県幕張メッセの会場は、歓喜の渦に包まれた。

フェンシング日本代表、男子エペ団体戦で、日本のフェンシングが、団体、個人を通じて初めてオリンピックで金メダルを獲得したのだ。

見延和靖、山田優、宇山賢、加納虹輝の4選手が、オレクサンドル・ゴルバチュクコーチとともに、感極まった表情で互いをたたえ合っている。

振り返れば、日本フェンシングの五輪におけるメダルは、2008年の北京オリンピックで太田雄貴選手（当時）が男子フルーレ個人で獲得した銀メダルが史上初で、続く2012年のロンドン大会で獲得した男子フルーレ団体の銀メダルのみだった。

だから、この瞬間がいかに素晴らしく、重みのあるものか。コロナ禍での無観客の開催ではあったが、その感動と価値をかみしめながら、多くのフェンシング関係者が歓喜に酔いしれていたことだろう。

もちろん、私も日本フェンシング協会前専務理事として協会経営に携わった者として、また、フェンシング・ファンの一人として、心から喜んだ。

その一方で、これほどの快挙に立ち会いながら、さまざまな角度から冷静に考える自分がいた。

なぜ、そのように冷静に考えてしまうのか。もしかしたらそれは、自分の出自に関係するのかもしれない。

そもそも私は、スポーツは好きだが、学生時代はいわゆる「体育会系」と称される人たちとは別世界の住人だった。仕事も銀行に勤め、三十代の頃までは、フェンシングの「フェ」の字も知らなかった。

フェンシングと出合ったきっかけは、子どもの習い事だった。

長女がフェンシングクラブに通うのを送り迎えしているうちに、ふと「自分もフェンシングをやってみたい」と思うようになったのだ。

それは、長女の送り迎えについて来ていた次女の花綸《かりん》も同じだった。彼女が5歳でフェンシングを始めた頃、私も「とにかくやってみよう」と、四十にして、人生初のフェンシングにチャレンジしたのだった。

周囲を見渡せば、大人になってからフェンシングを始めようとする人はほぼおらず、その頃の練習相手はいつも中学生だった。

だが、最初は興味本位で始めたフェンシングも、同時期に始めた花綸がナショナルチームのメンバーに選出され、多くの国際大会へ出場するようになると、私も次第に深入りしていった。

気がつけば、自分自身も50歳以上の「ベテラン」カテゴリーで世界選手権に出場するほど、フェンシングとの距離は急激に近づいていった。

もちろん、本業は金融マンだ。

ところが、ひょんなことから、金融マンで選手としての実績もない自分が、東京オリンピックを迎えようとするフェンシング協会の専務理事を務めることになった、いや、なってしまったというのが正しい表現なのかもしれない。

本書は、そんな場違いな自分が、会長であった太田雄貴氏とともにチームをつくり、その仲間とともに過去の縛りを打ち破り、よりよい組織の環境づくりに挑戦した過程を、具体的なエピソードと実践例で綴った物語だ。

きっと、読んでいただいている皆さんの多くが、何かを変えたい、何かを始めたいと思っている方々ではないだろうか。

新しい趣味に挑戦してみたい。新しいプロジェクトを始めたい。硬直的な大企業病をなんとかしたい。新しいビジネスを始めたい。社会貢献をやってみたい。

しかし、最初の一歩を踏み出すことは、誰でも簡単ではない。多くの場合、目の前には、それをためらわせる妨げがあるものだ。

時間がない。資金がない。仲間がいない。人が足りない。スキルやテクノロジーがない。必要な専門知識が不十分……。

私が金融ビジネスの世界から引き受けて飛び込んだのは、まさにそういった制約を軒並み抱えたチーム（組織）だった。

資金が足りない、人材が足りない、規制で縛られて一般企業ほどには自由が利かないスポーツ競技団体だった。

また、この「改革」は、新型コロナウイルスの影響により、1年延期となった東京2020オリンピック競技大会の開催準備に並行していた。

そして、その自国開催のオリンピックでの金メダル獲得は素晴らしい結果に見えるかもしれない。実際に素晴らしいことではあるのだが、私の個人的な思いは別のところにある。

オリンピックも含め、競技結果は協会活動のほんの一部分しか照らさない。

一般の方々、そして、実は選手からも十分には見えていないスポーツ競技団体の経営について、どのような取り組みが行われてきたのか。

その役割を終えた者として記すことは、意義があることだと思った。

そんなある種の使命感のようなものが、金メダル獲得の瞬間に頭によぎったように思う。

本書は、さまざまな困難のなかでチームとして新しいことを始めたい、チームをより良い組織に変えたいと思う方々の「ヒント」となることを願って書いた、組織的なイノベーション（改革）の記録だ。

「誰が」やったかではなく、「何を」「どのように」「どのような理由から」取り組んだのかを中心に記述した。

フェンシング協会が行った「改革のケース・スタディ」は、スポーツ競技団体はもちろん、多くの制約のなかで、チーム（組織）をより良くしたいと希求するビジネスパーソン、経営者、自営業者の方々にも、お役に立てることを期待している。

本書で4年間を疑似体験していただき、ご自身にひとつでも生かしていただけることがあったならば、著者としてこれほど嬉しいことはありません。

宮脇信介

目次

第3章　財政の強化

第4章　組織の強化

第7章 金メダルの意味を考える

対談 宮脇信介×太田雄貴

おことわり

本書には問題となった過去の事例やリスク事象に関する記述がありますが、その背後にある構造的な課題や対応を説明するための記述であり、他意はありません。失礼がないように努めましたが、至らぬ点があればご容赦ください。

多くの方々のお力添えをいただいた本書ですが、文責は私にあります。できるかぎり丁寧に確認に努めましたが、誤解や力がおよばない記述もあるかもしれません。

あらかじめご容赦いただきますようお願いを申し上げます。

なお、本書で述べた意見や見解は、すでに協会を離れた私個人のものであり、公益社団法人日本フェンシング協会とは関係ありません。

本書内の記述についてお気づきの点などございましたら、徳間書店を通じて私宛にお知らせください。よろしくお願いいたします。

第1章

改革前夜

畑違いのスポーツ団体に飛び込む

２０２１年の東京オリンピックからさかのぼること8年前の２０１３年。まだ、私が協会に関わる前のことだ。

フェンシング協会を大きく揺るがす問題が起きた。いわゆる「不適切経理問題」だ。

ジュニア世代の育成・強化事業の一環で行われていた「メダルポテンシャルアスリート育成システム構築事業」における海外遠征費が、私的流用はなかったものの、ほかの遠征費用に充てられていた事実が明るみとなった。

第三者委員会を立ち上げて調査を進めると、過去にも同様の事態が発生していたことが判明。このときの報告書は協会のホームページに公表された。

そして、問題を重く受け止めた日本フェンシング協会は、２０１４年に入り、理事を大きく刷新することになり、外部からも人材を募ることにした。そのような状況のなかで、私に声がかかった。

前述したように私は、フェンシングとは無縁の学生時代を過ごしてきた。

実際、高校時代から証券投資を趣味にしていて、大学は経済学部に進み、大学生の頃から株主総会に顔を出していた。

卒業後の1984年に、日本興業銀行（現、みずほ銀行）に入行し、運用や市場分析業務に従事した。その間に、1989年から1991年にかけて、アメリカの経営大学院に留学してMBAを取得。

また、日本に戻りマーケット・エコノミストやストラテジストの業務をしながら、CFA（アメリカの証券アナリスト資格）を取得した。

2000年、さらに運用の仕事を極めたいとの思いが強まり、外資系の運用会社に転職し、金融マンとして働いていた。


そのような折、娘がフェンシング選手だったこともあり、外資系勤めである私に、協会内の運営や管理といったガバナンス強化の観点から声がかかったのだった。

結局、フェンシング界の環境改善に少しでも貢献したいという思いが決め手となり、外資系運用会社に勤めるかたわら、2014年から協会の常務理事を務めることになった。

実際の業務は、おもに広報対応だった。この時期はまだ、協会経営の中枢からは離れた場所にいたのだ。

ところが、２０１７年８月の理事会で起こった「騒動」をきっかけに、私の取り巻く環境は一変することになる。

フェンシング界、最後の「切り札」

２０１７年度３回目となる８月の理事会は、当初から荒れ模様だった。

これに先立つ６月25日の第１回理事会では、その日の総会で承認された20名の理事の互選によって前期の会長が再任していたが、７月17日に開かれた第２回理事会で、その会長が示した執行部案が否決され、第３回理事会に決定がもつれ込んでいた。

７月の理事会では、誰が副会長（定員最大３名）、専務理事（同１名）、常務理事（同５名）の役職に就くかという執行部の指名について、会長の案が過半数の理事から受け入れられなかった。

内閣にたとえるならば、総理大臣は選出されたが、総理大臣が提案する組閣構想・大臣指名が承認されなかったということだ。

なぜ、そのような事態が起こったのか。

複数の理事が「私は副会長になりたい」「いや、自分が専務理事になりたい」「常務理事をやりたい」と、個人的な希望を出したが、会長によって示された執行部案とは食い違い、自らの希望が通らなかったことに対する不満が露わになったからだ。

挙句のはてに、「理事会で選挙をして執行部を決めるべきだ」との意見も出た。

これには、正直、驚いた。企業に当てはめて考えてみてほしい。

経営の主要ポジションを、「自分がやりたい」という自薦や、取締役会による互選によって決められてしまっては、組織のトップの意思を反映せずに経営戦略を実現するための執行部が決まってしまうことになる。

一般的に考えれば非常事態ともいうべき状況に、監事はこう見解を述べた。

「本来ガバナンスというのは効率的・合理的に達成するため責任を負う人を決めていくのが大前提となる。組織として、選挙で互選（によって役職を決めること）はあり得ない。（会長を）決めたら、誰を執行理事にするかはその会長が決める。私はほかの組織もみてきたが、会長が出してきたこと（経営体制）に関しては何の抵抗もない。当然だ」

しかし、8月の第3回理事会でも、個人的な希望を通そうとする理事たちの考え方が変わることはなかった。

そのため、会長が新たに用意した執行部の修正案も再び否決される事態となってしまった。事ここに及んで監事は、

「会長としての信任を受けられていないということだから、会長を降りて、体制をもう一度やり直してもらうしかない」

と引導を渡し、とうとう温厚で人望が厚い会長も意を決した。

「これで（会長を）降りさせてもらう」

いよいよ破滅的な展開となった。

理事会の会場の外では、多くの記者も待機しており、決定事項を理事会後に発表し、記者たちの取材に応じなければならない。執行部の人事どころか、会長が降りるという緊急事態を伝えたら、いったいどう報道されることになるのか。

そのような状況で、辞任を決めた会長は、自分の後継者として、ある人物を推薦した。その前年のリオデジャネイロ五輪を最後に、現役を引退し、その日、協会の理事として初めて理事会に出席していた太田雄貴氏である。

あまりの急展開に、さすがの太田氏も少し考え込んでいた。しかし、事態の重要性を理

解し、その場で推薦を受諾した。
それでも、簡単には決まらなかった。

太田氏だけでなく、古くから協会に関わってきた年長者が対立候補として推薦されたため、投票が行われることになったのだ。

結果はなんと、両者が同票数で並んだ。そこで、候補者2名による決意表明が行われ、そのあとに決選投票へともつれ込んだ。

私は、この事態の推移の理解に苦しみ、激しく動揺した。

もっとも、時がたつにつれて、構造的要因が大きいのではないかと考えるようになった。

たしかに一因としては、株式会社形態の企業での就業経験を有する理事が少ないということがある。

しかしながら、スポーツ競技団体の多くは「株式会社」ではなく「公益法人」（フェンシング協会は公益社団法人）という形態をとっている。私の見方では、公益法人は会社法をある程度援用する形でつくられているが、残念なことに、この根本的なデザインが現実に即していない。

突き詰めれば、やはり、スポーツ競技団体の設計上の問題に根ざしていると考えている。

だから、私も含めて、一般の企業で働いている人からすれば理解し難いことが起こるのだ。

この問題の詳細は、のちほど触れていきたい。


結局、2回目の投票では、候補者2名それぞれの決意表明を受けて、1人の理事が太田氏の支持に転向した。

こうして、急転直下、まさに薄氷を踏むような経緯を経て、2017年8月11日、当時31歳の太田雄貴新会長は誕生したのだった。

太田雄貴という男の視野

選出までのプロセスはどうであれ、太田雄貴新会長の誕生は、フェンシング協会にとって大きなチャンスだった。

なぜなら、日本のフェンシング界が持つ手札のなかで、文字どおり最後の「切り札」といえる存在が、太田雄貴だったからだ。

日本人唯一のフェンシング個人種目オリンピック・メダリスト（2008年の北京五輪男子フルーレ個人銀メダル）であり、2012年のロンドン五輪の劇的な男子フルーレ団体銀メダル獲得と合わせ、唯一の複数メダル保持者でもある。
とくに、オリンピックでのメダルに大きな価値をおく日本のスポーツ界において、これはオールマイティな水戸黄門の「印籠」を有しているようなものだ。

新たな変化や「若造」を嫌うスポーツ界の重鎮たちも、全面的に納得するかは別として、彼の発言には耳を傾けないわけにはいかない。

考えてみると、太田氏を一躍有名にしたのは、オリンピックでのメダル獲得よりも、東京オリンピックの招致活動かもしれない。

2013年9月7日、アルゼンチン・ブエノスアイレスで開かれたIOC（国際オリンピック委員会）総会で、ジャック・ロゲ会長が「トウキョウ」と告げると、飛び上がり、泣きながら抱き合う一団のなかの太田氏の姿を覚えている方も多いのではないだろうか。

のちに振り返り、「一番初めに飛び上がったのは自分だ」と太田氏は笑うが、東京2020招致委員会で「アンバサダー」のポジションを得て、招致活動に深く関わっていたのは周知のとおりだ。

そのIOC総会で最終プレゼンテーションを行ったのが、アテネ、北京、ロンドン、そして結婚、出産を経て東京パラリンピックにも出場した谷（当時は旧姓佐藤）真海さん、竹田恒和招致員会理事長、水野正人副理事長兼専務理事、会長の猪瀬直樹東京都知事、滝川クリステルさん、太田雄貴氏、そして当時の首相の安倍晋三氏だ。

繰り返しになるが、最終プレゼンを含むＩＯＣ総会が開かれたのは、２０１３年9月7日。ロンドンオリンピックの男子フルーレ団体において彼が銀メダルを獲得してからわずか1年程しか経っていない。

東京オリンピックの招致に全力を尽くし、一時は現役引退すら示唆したという太田氏だが、その後も現役を続けた。

そして、２０１５年にモスクワで開かれた世界選手権で、日本人選手として初めて優勝を遂げる。

以前であれば、フェンシング選手のピークは20代と考えられてきたが、スポーツ医学の進歩もあり、ピーク年齢は上昇し、30代はもちろん、40代に差し掛かろうかという選手も世界のトップで活躍している。

世界選手権を制した翌年の２０１６年、リオデジャネイロオリンピックに30歳で出場した太田氏もまだまだ世界での活躍が期待され、自ら招致した東京オリンピックには集大成として臨むのではないか。そう見る人たちがほとんどだったはずだ。

しかし、太田氏は、リオデジャネイロオリンピックの初戦、地元ブラジルのギレルミ・トルド選手に敗れ、当日、引退を表明した。

彼と同世代の選手には東京オリンピックにも出場し、いまだに世界のトップで活躍しているアスリートもいる。

それに対し、太田氏はピークでの引退を決めたのだ。


その理由を問うと、太田氏は選手を続けることの機会コスト、いわば選手を継続する代償としてできなくなったことによる損失の大きさに引退を決めたという。

あるとき、彼は私にこう話した。

「海外に留学してＭＢＡ（経営学修士）を取りたいんです」

幼少期からフェンシング競技にエネルギーを集中投下し、すでにそのときまでに、アテネ、北京、ロンドンと三度のオリンピックに出場、日本のフェンシング選手として初のメダルを２つも獲得していた。それだけでも十分すぎるスポーツ人生のように見えるが、彼はその先も見つめていたのだ。

英語には縁遠いはずの太田氏が、ロンドンオリンピック翌年のIOC総会において国を代表して英語でプレゼンを行うことが、いかに「戦略的判断」に基づいたことであったのか。

また、それを実現するための努力が並大抵ではなかったことは想像に難くない。

太田氏より世界的なプレゼンスを有するオリンピアンはいくらでもいた。だが、太田氏はその選抜プロセスを、注げる限りのエネルギーを戦略的に投入し、実力で勝ち抜いたのだ。

現役選手として活動する頃から、見据える先には「違った世界でやってみたい」という将来のビジョンがあったのだろう。

そう考えれば、太田氏の会長就任は危機的状況から生じた緊急事態とはいえ、大きなチャンスだ。

だが、予期せぬできごとは、これだけでは終わらなかった。

混乱を極めるなか、会長となった太田氏から私に電話がかかってきたのである。

「宮脇さん、専務理事を引き受けてもらえませんか」

青天の霹靂とはこのことか。私は、思いもしない世界へ飲み込まれることとなった。

役を引き受けるための現実的なハードル

人生はサプライズの連続だ。それは少なからず理解している。

太田氏からの「専務理事を引き受けてもらえませんか」という勧誘は、光栄なことではあるかもしれないが、かなり思い切った決断が必要だった。

多くの人が、「そんなチャンスは滅多にないから面白そうだ」と思うのではないだろうか。

そして、喜び勇んで引き受けたのだろう、と想像するかもしれない。しかし、実際に私が抱いた思いは、

「合理的な判断ではとても引き受けられない」

ということだった。

理由はこうだ。多くのスポーツ競技団体において、会長、専務理事を含めた理事は原則無給だ。

「協会会長」「専務理事」と聞けば華やかで、さぞ高給取りなのだろうと勘違いされるかも

しれないが、むしろ真逆である。

時間的にも、責任においても、多くのコミットメントを求められるポジションであるにもかかわらず、現実は無償奉仕なのだ。そのことに、多くの方が驚かれるのではないだろうか。

さらに言えば、当たり前だが経営責任がある。

とくにフェンシング協会は、過去には前述のような不適切経理問題が露わになった経緯もある。いまでも、さまざまな課題が山積みだ。

もしもまた、同様あるいはそれを上回るような問題が起これば、経営責任が問われることは明白である。

実際に、2013年の「不適切経理問題」のあとに私が協会理事に就いた直後は、この処理の対応に追われた。過去の理事には、経営責任に応じて総額数千万円単位の損害賠償が発生した。

つまり、責任はあるが無給、損害賠償が生じる可能性もあるが無給なのだ。

運用の言葉で言えば「機会コスト（その仕事を引き受けることでできなくなることが発生する負のコスト）」が大きく「負の価値のオプション（何か問題が起きた場合には損失

が発生する義務）」が付いた職務といえる。

私が勤務していた外資系企業であれば、経営責任や実績に応じて自社株のオプションが付与されるケースが多い。

つまり、実績を上げ、企業価値（株価）が上がれば、それに貢献した個人に経済的なリワード（報酬）が生じる。

きちんと働くように、「動機づけ」がされるわけだ。

それに対し、スポーツ競技団体の多くでは無給なのだ。なんの経済的インセンティブ付けがないにもかかわらず、そこにフルタイムに近いエネルギーを注ぐ。

この現実を知っているのに、喜んで飛び込む人間がいるだろうか。

さらにもう1つ、私にはさらに大きなハードルがある。それは娘の存在だった。

次女の花綸は、すでにナショナルチームのメンバーである。専務理事となれば、娘からすれば「父親がしゃしゃり出てきた」と思うかもしれない。

また、周囲からは「選手選考の際に娘を特別扱いするのではないか」という、実際はそうではないのに、その様な目で見られる可能性には注意が必要だ。

加えて言うならば、専務理事を引き受けるということは、これまでの理事職のように外資系企業に勤めるかたわら、必要に応じて職務に当たるのは現実的には難しくなるであろう。

つまり、普通に考えれば引き受けることはまったく合理的ではない。

では、なぜ私はこの合理的には考えづらいポジションを引き受けたのか。

まず一つの理由は、協会として実務能力がある人のサポートが不可欠だと思ったからだ。太田氏はエネルギーと才能に溢れた若者で、日本フェンシング協会にとって最後の「切り札」だ。

とはいえ、経営とは、財務、コンプライアンス、労務、広報など、実に多面的かつ総合的なものだ。

いくら太田氏のエネルギーと才能をもってしても、1人では到底対応できない。少なくとも最低限の経営の基礎体力は身につけておかなければ、いつかどこかでつまずく可能性が高い。

また、オリンピックを控えているのに、協会経営の中枢部に海外とのコミュニケーションに長けた人材が適切に配置されているようにも見えなかった。これも致命的だと思った。

さらに、東京2020は成功させなければいけないが、むしろ問題はオリンピックの後だろう。

いまは、オリンピックを目掛けて、文字どおり「右肩上がり」で補助金が付けられているので、スポーツ競技団体の財政も何となく回っている。それいけドンドンで、海外からコーチも招聘できているが、財政の辻褄《つじつま》が何とか合っているのは、「オリンピック・バブル」ともいえる政府からの支援があるからだ。

オリンピックが終われば、早晩、「財政の崖」に立っていることに気がつくだろう。下手すれば、財政の崖からころがり落ちてから気がつくかもしれない。

そのときに、協会業務に優先順位をつけ、順位が低い業務から縮小撤退が機動的にできるだろうか。しかも適切にだ。

そのためには、東京オリンピックの前に、経営的・財政的なガバナンスが機能するように、組織体制をつくり上げておく必要があることは明確だった。

それは太田氏1人では難しい。

では、誰がやるのか。

最後のハードルは家族の同意

太田氏からの申し出を引き受けるうえで、もっとも重要な交渉相手がいた。

妻と次女だ。

前述したとおり、次女の花綸はナショナルチームの選手だ。

私が専務理事の業務を引き受ければ、おのずと現場で接する機会が増え、気まずい思いをさせる可能性が高い。

そして何より、交渉が難航すると思われたのが妻だ。

専務理事となれば、時間的拘束も責任の度合いも高まるのに対し、報酬はない。

転職業界の人に聞いた話だが、転職や起業など、安定した生活を投げ打って新たなチャレンジをしようとする際、もっとも難しいのがパートナーである妻の説得であるという。

転職業界の用語で「嫁ブロック」などと呼ぶのだそうだ。

そこで、私は太田氏に協力を仰いだ。

もともと太田氏と交流のあった妻と娘。私にとってもっとも密接な「関係者」である2

人から了承を得るための交渉役を、太田氏本人に頼んだのだ。

その結果、妻からは1つの条件が出た。

外資系企業にいたときと同額の家計費を、毎月きちんと入れることである。

しかし、現実問題として、どうやってその辻褄を合わせるか。

そこで私は、経済的に「普通ではない働き方」を選択することにした。

同じタイミングで誘いのあった、金融サービスと情報技術を結びつけたフィンテック系のベンチャーに資本参加するとともに、その企業経営にも携わったのだ。

もちろん、個別のベンチャービジネスへの投資が確実に経済的な「リスクヘッジ」になるかというと、一般的な確率論でいえば残念ながら答えはノーだ。

むしろ、経済的なリスクが大きいポジションを取ったことになる。

しかし、私にはその選択をした理由があった。

経営に携わることでリスクをある程度直接コントロールすれば、短期的な所得には大して結びつかないとしても、長期的にはこの投資が実を結び、経済的な利得として機会損失を埋め合わせてくれる確率を上げることができるだろう。

企業に投資するファンドも、経営に人を送り込むではないか。

同時に、フィンテックの技術を用いて、貧しくなりつつある日本の家計を救うという企業創設の理念に賛同し、創業経営者である友人の能力に期待した。

さらに、発想自体を変えることにした。

協会で専務理事として働くとはどういうことか。これは「自分への投資」の期間だと捉えたのだ。

洗練された大企業から見れば、おそらくこれから飛び込む場所は「荒野」のような風景であり、早朝にスキー場の窓から見る、まだ誰も滑っていないゲレンデのような風景であるはずだ。

経営的組織論の実験場としてチャレンジすれば、いかなるトライアルも大きな効果を発揮する可能性だってある。

思えば、十数年働いた銀行での運用業務も新しいビジネスだった。その後、同じく十数年過ごした外資系運用会社でのビジネスも、さまざまなトライアルの連続だった。ならば、これまでに得た経営的ノウハウを、協会で応用してみればいいではないか。

太田雄貴という「切り札」は、大きな変革を起こすための「梃《てこ》」になるかもしれない。ベンチャービジネスのような光景を、スポーツ競技団体という古い体質のなかでも見ることができるかもしれない。

そして、フィンテックでのベンチャービジネスとも共鳴し、いつかシナジーを起こしてくれたらという、さらに希望的な未来予想図も垣間見えた。

交渉の結果、家族からの承諾を得ることができた。

しかし、任期は最大2期。私に与えられたのは、もっとも長くても2021年6月までの4年という時間だ。

そして、ナショナルチームに所属する次女との利益相反を防ぐため、強化事業とは一定の距離を保ち、とくに選手選考に関しては一切関わらないことを条件として、専務理事のポジションを受けることにした。

初めは無謀と思われた専務理事というチャレンジが、遂に始まろうとしていた。

「異質性」と「同質性」のバランス

会長の太田雄貴氏と専務理事を務めた私のバックグラウンドは、まったく異なるものだった。

かたやオリピック「銀メダリスト」のアスリート。かたや外資系の資産運用会社で働いてきたビジネスパーソンである。

年齢も、就任時、太田氏は31歳、私は57歳だった。

新体制のスタート時から、議論の絶えない2人だったが、大きく対立するようなことは一度もなかった。

その理由を考えると、大きく2つが挙げられる。

まず1つ目は、あまりに異なるバックグラウンドを有する2人であるため、それぞれが得意とする分野がまったく違っていたということだ。

とにかく日々前に進まなければならない以上、「相手の得意分野は相手に任せる」ことが必要で、自分は「自分の得意分野に専念する」必要があった。

会長である太田氏の業務判断を尊重することは当然だが、マーケティングやスポンサー対応、協会財政の収入サイドに関しては太田氏が直接的にコントロールした。

また、協会改革の主軸のひとつである、全日本選手権などの競技会改革も太田氏に全面的に任せた。

太田氏は国際フェンシング連盟（ＦＩＥ）の副会長でもあるので、国際フェンシング連盟とのリエゾンは彼に依頼し、ＦＩＥの総会などで日本を代表する業務に関しては私が対応した。

ここで大きな助けとなったのが、太田氏の有する膨大な人脈だった。

それが大勢の人を外部から引き寄せる引力となり、協会運営の推進力になった。

さらに、太田氏の発信力は非常に大きく、会長として、また太田氏個人としてＳＮＳなどを通してフェンシングについてさまざまな情報を戦略的に発信してくれたのも、ただただ感謝するしかなかった。

太田氏の得意分野は彼に任せ、私は太田氏の会長業務をサポートするとともに、総会・理事会運営、組織整備、財務・法務・医学関連、リスク管理、協会としてのメディア対応等の広報、上位統括団体やスポーツ庁等の行政との連携等について担当した。

太田氏には前面で自由に動いてもらい、その後ろから私がリスク事象への対応を含め、組織全体を俯瞰しながらバランスを崩さないように改革を進めていくことが自分の役割だと認識していた。

2つ目は、これほど違う太田氏と私だが、より重要であったのは、実は共有するところがとても多い2人でもあったことだ。

意見が対立することはほとんどなかった、と記したが、なかでも業務の優先順位に関して大きく意見が割れることはまったくと言ってもいいほどなかった。

私はベンチャービジネスの経営に携わっているが、太田氏の友人にはベンチャー企業の経営者が多かった。

そして、彼のマインドセットも非常に「ベンチャー経営者的」であった。

のちに詳しく記していくが、協会経営の構造が、太田体制前半の2年間は「ベンチャー企業」そのもので、「大企業病」的な膠着状態などまったく無縁の体制で経営を行うことができたのはとても大きかった。

さらに、フェンシング協会の改革が「急務」であり、「危機感」を共有していたことが大きかった。

太田体制が始まった２０１７年は、スポーツ競技団体やアスリートが多くの社会問題を引き起こした年でもあった。

一方で、東京２０２０を目前として、スポーツ競技団体には多くの国費が投入されていた。受け取った各スポーツ競技団体は「メダル」が取れれば世界が変わるという「幻想」を抱き、強化に邁進していた。

このままでは、東京２０２０が終わったとたんに、多くの矛盾と問題が露呈することは明白だった。

私は財政とガバナンスの観点から、そして、太田氏は自分がメダルを獲得しながら、それが協会経営に「何も生み出さなかった」現実を見た経験から、強い「危機感」をともにもっていたのだ。

バランスは走りながら考える

改革の内容に入る前に、ここではまず、全体の見取り図を示しておきたい。

協会改革の内容は、５つの経営課題と、これに対応する行動原則でおおむねカバーできるはずだ。

経営課題1　協会理念の明確化
経営課題2　協会財政の「自立性」「自律性」の強化
経営課題3　協会運営の透明化・ガバナンスの強化
経営課題4　アスリート・フューチャー・ファーストの実践
経営課題5　一般ビジネスの知見・ノウハウの導入、および、企業・地方公共団体との協業

これらの経営課題を克服すべく、まずはそれぞれに組織としての行動の原則を提示した。

基本原則1　「理念」を大切にしよう。「メダル」ではなく「感動」を創出しよう
基本原則2　「感動」が「価値」を生む、「価値」を「経済」的な形にしよう
基本原則3　「組織」として稼働しよう。そのための「プラットフォーム」を整備しよう
基本原則4　選手「ひとり」「ひとり」を考えよう。目の前の試合だけではなく、競技人としての人生、社会人としての人生において、スポーツをする人間としての幸福や喜びの「最大化」を目指そう
基本原則5　組織を外に開こう。一般ビジネスの知見・ノウハウの導入、および、企業・

地方公共団体との協業を促進しよう

もちろん、これは当初から明確に描いていたものではない。スタートして、ある程度走り、振り返ったときに見えた風景だ。当初は真っ白な地図しかなかった。いや、真っ白な地図というのはずいぶん聞こえがいい。

目の前にあるのは、先が見通せない荒涼とした風景だった。

太田体制のもと、私は2017年から2021年6月まで、2期4年、専務理事を務めた。前半の2年間は執行部の人数も絞り、即断即決、中央集権型でいいと考えられることがあれば積極的に取り入れ、課題に直面すれば、その場その場でソリューション（解決方法）を考え、がんがん進めていった。

まず「バランスを取る」のではなく、スピード優先だ。

転倒だけはしないように、できる限り速く走り抜ける。

そうやって、一定のポイント、少しは見通しがきく小高い丘まで走り続けようと必死だった。

そのなかで、まず取り組んだのは協会の「理念」を明確化させる作業だった。

詳細は後述するが、スポーツ競技団体の存在意義は、自明なように見えて明確ではない。

しかも、スポーツ競技団体の利害関係者（ステークホルダー）は、一般企業以上に複雑な構造にある。

そのため、関係者各自が見ている部分、求めているものは必ずしも同じではないのだ。

実に混沌としたなかで、わかりやすいという理由と、それを果たせばバラ色の未来が待っているという幻想から、「勝利至上主義」「メダル至上主義」が生み出され、日本のスポーツ界を広く覆ってきた。

この概念を変えるためには、そもそも何のためにスポーツをするのか、何のためにスポーツ競技団体が存在するのかというチーム（組織）の「理念」について、内外に明示する必要があると考えた。

第2章

理念の明確化

「理念」こそが改革の第一歩

太田雄貴という人は、やはり面白い人間だった。

タッグを組んで早々に、突然、こう切り出してきた。

「理念づくりを、まずやりたいんです」

彼と一緒に仕事をするなかで、面白いと思ったことは数えきれないほどあるが、取り組むべき課題を見つける〝直観力〟は、とくに優れている思う。

トップアスリートとして競技で結果を残すことに注力してきた太田氏の社会経験は、どうしても限られているが、直感的に経営課題を正しく見据える力があるのは、とても心強かった。

大きな方向性さえ定まれば、具体的な推進の手順や理論的な裏付けを私が組み立てて外部に説明することができた。ごく自然に、互いの分担が明確になった。

フェンシング協会のみならず、あらゆるスポーツ競技団体に必要なのは、理論的にも

「理念」の構築だ。

まず、これを最初に「やりたい」と言い出すことができるということは、経営者（会長）として非常に筋が良い。

ではなぜ、スポーツ競技団体に「理念」が必要なのか。

スポーツ競技団体の法的な裏付けは「公益法人」という仕組みであり、これは「株式会社」にならってつくられている。

株式会社であれば、株主がいて、株主総会において会社の経営陣（取締役）が選任される。実質的にも、会社の経営は経営者に委託される。

たいていの場合、株主と経営陣の間に大きな意見の相違は起こらない。なぜなら、会社が目指すものは「利益の最大化」であり「会社の成長」である。ファイナンス用語でいえば「企業価値の最大化」である。

株主は配当の増加や株価の上昇によって利益が生じ、役員も経営状況や株価に端的に表象される企業価値の増減によって、自身の報酬が決まる。

多くの企業がストック・オプションなど、株価と連動した形での経済的利得を経営者のインセンティブにしているのもこのためだ。

ところが、スポーツ競技団体では、その存在意義（理念）が自明ではない。

フェンシング協会と同じ「公益社団法人」という形態を前提に話を進めると、公益社団法人で株主にあたるのが「正会員（社員）」と呼ばれる人たちだ。

フェンシング協会は、47の都道府県の協会（支部）と高体連（高校を管轄する組織）および学連（大学を管轄する組織）の各代表者、計49名の正会員によって構成されている。

一方、協会の経営を行う「理事」が最大20名、株主総会に相当する「社員総会」によって承認され、決定するという仕組みだ。

「正会員」と「理事」のベクトル

株式会社と大きく異なるのは、「正会員」は株主ではないということだろう。

なぜなら、公益社団法人の形態を有するスポーツ競技団体には、「資本」という会計概念が存在しないからだ。

つまり、フェンシング協会における「正会員」は株式を保有せず、配当を受ける権利ももっていない。

「正会員」は「総会」を通じて協会運営を監督、監視するため、株式会社であれば「株主」と言うべき立場だが、資本を拠出しないのであれば「株主」ではない。

いわば、組織の経済的影響からは切り離された存在であり、組織に対して所有者のように振る舞うことはできても、経済的な関係は存在しない。

株式の価値といった経済的目的にとらわれていないため、意思決定の自由度は高い。一方で、そのぶんその指針が明確ではないのだ。

フェンシング協会をその視点からみてみると、正会員は地方の都道府県の県協会（支部）や団体の代表者であるので、その地方や団体（あるいは正会員個人）の利益が優先される意思決定を（それが行われた場合には）明確に止める手立てがない。

さらに、スポーツ競技団体「理事」のインセンティブも明確ではない。

なぜなら、前述のとおり、フェンシング協会も含め、多くの場合「理事」は無給であるからだ。

一般的に、スポーツ競技団体の目標は、世界大会やオリンピックで良い成績を収めるための「育成」「強化」と、競技人口を増やすための「普及」であるとされる。

しかし、この両面においてどのように良い業績を上げようが、「理事」には何の経済的、非経済的な見返りはない。

また、「理事」についても、各自の所属する団体や個人的な利益となる方向に沿って意思決定が行われた場合に、これを止める手立てがどこにもないのだ。


ではなぜ、理事になろうとするのか。

きっと、多くの方がその疑問をもつだろう。私も同じ疑問をもってこの仕事をしてきた。

もちろん、「社会の役に立ちたい」「その競技に貢献したい」という純粋な思いはあるだろう。

だが、協会経営には責任が伴う。実際にフェンシング協会では理事に損害賠償も発生しており、経済的な対価が得られないなかでリスクばかりが大きい。

それでもこの仕事を進んで受けることができる人は、経済的な体力とともに、動機づけとしても相当に限られてきてしまうはずだ。


正直に言えば、私もまだ「なぜ理事になろうとするのか」という疑問に対し、誰もが納

図1　制度問題：株式会社と公益社団法人の比較

	株式会社	公益社団法人
組織の目的	利潤獲得と成長 （企業価値の最大化）	普及・育成・強化
財政計算の目的	利益計算・ Equity 計算	資金収支管理 （利益概念、資本概念がない、収支相償）
資本提供の対価	配当（利益処分）	（資本提供者はいない）
経営の対価	役員報酬・賞与	理事・監事は無給（注）
（実質的・法的） 組織所有者	株主 所有と経営の分離	正会員 （但し、資本提供者ではない）
経営の主体	取締役会	理事会
Main stakeholders 主な利害関係人	株主、負債提供者 経営陣 従業員 顧客	正会員、経営陣 事務局員、コーチ 選手・登録会員、 スポンサー ファン（サポーター） JOC、JSC、行政

（注）理事・監事は無給は、フェンシング協会定款の定めによる。

得できるような説明ができないでいる。ただ、1つ、これが答えに近いのではないだろうかと感じられる話があるので、ご紹介したい。

各スポーツ競技団体のトップが出席するJOC（日本オリンピック委員会）主催の会議で、ある団体の代表者から、スポーツ庁が推進している「ガバナンスコード」制定の動きに対する反対意見が表明された。

「ガバナンスコード」とは、近年、スポーツ競技団体が多くの不祥事を起こすなか、スポーツ競技団体のあるべき経営のあり方を目指して「組織統治」能力を高めるための具体的指針を提示したものだ。

そこには理事の「定年制」や「連続する任期の制限」も含まれている。

反対意見は、まさにこの部分に対して異を唱える発言であった。

初めは私もその意図が理解できなかったのだが、主旨としては、このような感じだった。

「スポーツ競技団体の理事の多くは、叙勲（政府からの勲章の授与）を受けるために務めている。叙勲の条件として、理事などの職務を長期に渡り何年務めたかということが重要であって、これに定年制や任期の制限を設けることは、理事がその職務に就くインセンティブを奪ってしまう。だから〝定年制〟や〝連続する任期の制限〟のような改革はやめてほしい」

ある意味で「なるほど」と思った。

驚きもあったが、私には想像がおよばなかったインセンティブが、スポーツ競技団体の「理事」職にはあるようだ。

そう、叙勲というのは、そういったインセンティブのひとつであるようだ。

そうでなければ、余程のことがない限り、少なくとも無給で設定されているスポーツ競技団体の理事を務めようとする人が大勢出てくることなど考えづらい。

しかも、「叙勲」のインセンティブは公の会議で堂々と開陳されているのであるから、ほかのスポーツ競技団体でも、同様のことがあるのであろう。

このような「動機づけ」は、スポーツ競技団体の経営者として適正であるとは言えないであろう。

私の見るところ、太田体制誕生のきっかけとなった理事会の混乱は、理事たちそれぞれの自分の肩書の追求の産物であった。

つまり、個人の利益追求の動機づけを上回る統制力をもった組織的な道具立てが用意されていない「構造」自体に、スポーツ競技団体のもつ大きな根本問題の1つがあると、あらためて強く感じた瞬間だった。

スポーツ競技団体にこそ「理念」

一般の株式会社はなぜ、株主と経営陣の間で多くの紛争が起こらないのか。

それは前述のとおり、企業の存在意義が「利益と成長」に集約され、「株式の価値（＝株価）」によって明示されているからだ。

株主も経営者も基本的に目指すところは同じだ。そして、その目的を達成するために、もっとも有効と考えられる経営陣に、株主は経営を委託する。

誰が経営権を有するかという対立はあっても、それは経営能力の優劣をめぐる対立であって、間違っても「叙勲のために私がやります」といった議論にはならないはずだ。


では、スポーツ競技団体はどうだろう。

組織の要《かなめ》となるステークホルダーである、「正会員」と「経営陣（理事会）」の行動目標の方向性を合わせるツールが存在しない。

正会員も理事も、個人個人がそれぞれの利害に合わせて行動することを抑止するために、組織的に方向性を同調させる明確な道具立てが用意されていないのだ。

それが明確に定められないなかで、その隙間《すきま》にするすると入り込んで、日本のスポーツ競技団体の「似非《えせ》理念（目標）」となってしまったのが、「勝利至上主義」なのだと私は考えている。


「勝てば許される」

「勝たなければ元も子もない」

こういったわかりやすいがゆえに危険な目標設定が行われてきたところに、日本のスポーツが抱える多くの問題の根源がある。

スポーツ競技団体や選手が引き起こすさまざまな問題の根底にある「勝利至上主義」という、スポーツ競技団体の暗黙の組織原理を意識的、建設的に破壊しない限りは、スポーツ界のあるべき姿は実現されることはないだろう。

勝利至上主義の問題については項をあらためるが、このような観点から、「まず理念が重要」とした太田氏の直感は極めて正しいと思われた。

視覚で訴え、短い文字で伝える

ここで太田氏が打ち出したスローガンが、

「突け、心を。」

だった。太田氏が打ち出し、各専門家たちの力を結集させたビジュアルイメージがこの1枚だ。

そして、フェンシング協会のホームページに、協会が求める「理念」、つまり、フェンシングというスポーツ存立の意義を次のミッションとして定義づけ、ビジョンを提示した。

【ミッション】

「フェンシングの先を、感動の先を生む」

「突け、心を。」のスローガンのもと、フェンシングを取り巻くすべての人々に感動体験

を提供し、フェンシングと関わることに誇りを持つ選手を輩出し続けていくことを約束します。

つまり、協会が求めるフェンシング・スポーツ存立の意義を、「感動体験を提供すること」と定義づけたのである。

この「感動体験」とは何を意味するのか。さまざまな解釈を許容するし、協会の活動として、さまざまな可能性を開いていくものでもある。

太田氏は、この「感動体験」の1つの具体的な例示として、全日本個人戦のエンターテインメント化を行うのであるが、これについては項をあらためることとしたい。

（提供：公益社団法人 日本フェンシング協会）

【ビジョン】

「動き続ける、突き続ける、前へ。」

国際社会と同様にスポーツ界も、変化、進化なくして存続が困難な時代に突入したと言えます。

この状況下では、今までと同じやり方では到底生き残ることはできません。

去年より今年、今年より来年と、常に進化しながら、スポーツ界のロールモデルとなれるように取り組んでいきます。

それこそがフェンシング協会の使命だと考えるからです。

我々は、時代に先駆けて動き続け、時代の核心を突き続け、そして、変わり続けてまいります。

協会がミッションを追求する先の姿として、スポーツ競技団体のロールモデルとなってスポーツ界全体を牽引する姿を「ビジョン」として描く。

この「理念」こそが、行動の規範となり、日常の業務判断を行ううえでの重要な指針となる。

次の行動を決める際には、必ず全員が自らに向かって問いただす。

「その行動はスポーツ競技団体にとってロールモデルとなり得るものか」

「理念」はガバナンスやコンプライアンスといった観点からも、重要な役割を担うことができるのだ。

【バリュー】

1　Integrity　騎士道に基づく高潔な精神を有し自分を高める

フェンシング競技を通じ、全ての競技者への尊敬、ルール尊重の意識、関係者、支援者、応援してくれるファンへの感謝の気持ちを持ち、選手として、個人としての成長を求め続けます。

2　Challenge　自ら考え挑戦し立ち向かう

フェンシング競技を通じ、「なぜ」「何」を「どう」変化、進化させるのかを自分で考え、そのための計画を描き、行動に起こすことで常に当たり前のレベルを上げていきます。

3　Respect　相互信頼のもとに協調性を重んじ仲間と切磋琢磨する

Mission, Vision, Valueで結ばれた競技仲間や関係者との絆を大切にし、「チームで働く」から「チームが最高に機能する」をチームワークの定義とし、常に「ＭＶＶ遂行のための最適」を最優先した行動を意識していきます。

4　Fairness　公平・公正に戦い他者を尊重する

競技、選手、審判、関係者、ファン、ルールに対し最大の敬意を払い、それぞれの立場、気持ち、(または)意図を理解、尊重し、全ての関係者が存在する事でフェンシング競技が成り立っている事を意識し、行動していきます。

5　Creativity　過去にとらわれない独創的なアイデアを創出する

競技者の成果が最大の価値を生むべく、これまでの常識や慣例に捉われず、フェンシングやスポーツの枠を超えた多様な価値との化学反応を起こし、積み上げてきた伝統と価値は守りながらも常に新たな発想と感動を生み続ける団体として行動します。

6　Global　世界に挑戦・貢献する

1896年の第1回大会から五輪競技として国際スポーツコミュニティで活動してきたフェンシング競技を通じて、個々の可能性を世界の舞台に見出しチャレンジします。多様な価値観が交流・交差する場を創造し、(その場に)貢献することで地球市民としての意識を高く持ち、スポーツ文化の進化と繁栄を通じて国際社会における「個々の豊かな人生」への貢献を追求していきます。

第3章

財政の強化

明らかだった東京2020後の財政リスク

財政問題は、多くのスポーツ競技団体が慢性的に抱える悩みのひとつである。フェンシング協会も例外ではなく、協会財政の脆弱性に太田氏と私は強い危機感を覚えていた。

太田体制がスタートしたのは2017年度の途中からだが、このときからすでに東京2020オリンピック以降、財政問題が顕在化する可能性は極めて高いと考えていた。

見てのとおり、協会の財政規模は右肩上がりに膨らんでいる。だが、これを続けてくることができたのは主として補助金が拡大されたからであり、さらに言えば、支えていたのは東京2020を睨んだ、スポーツに対する国の財政支出の拡大だ。

国の財政問題も深刻であるなか、東京オリンピックが終わればスポーツ関連予算が縮小する可能性は極めて高い。むしろそう考えるのが自然だ。

つまり、東京オリンピックが終わってしまえば「財政の崖」に直面するのは火を見るよりも明らかということだ。

図２　日本フェンシング協会の財務状況の推移

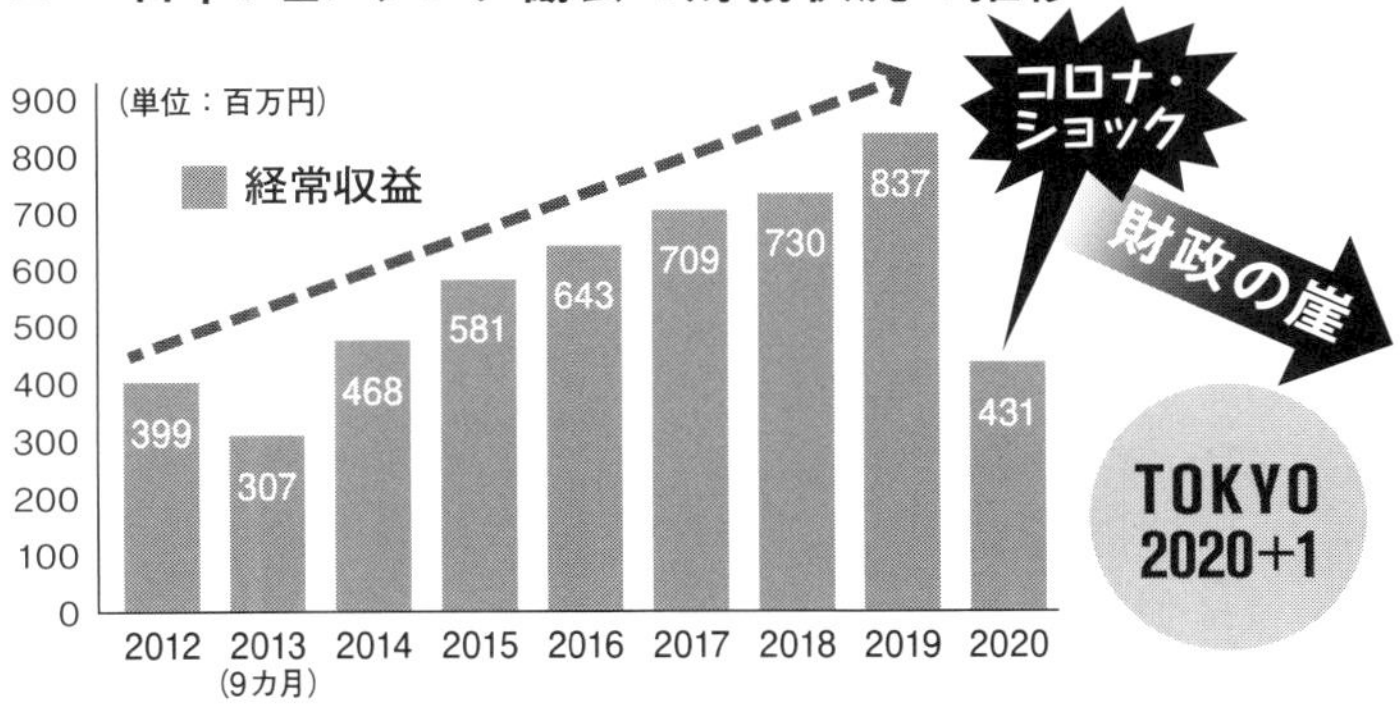

(出典：公益社団法人　日本フェンシング協会資料を元に筆者作成)

マクロ的な経済状況にもよるが、一般企業など、スポーツを支援する「気運」にも変化が起きる可能性も考慮しておかなければならない。

一方で、協会経営が、予想される東京２０２０以降の財政問題にうまく対処できるかと問われれば、これもまた極めて心細い状況だった。

歴史を振り返ると、戦後再発足したフェンシング協会が「公益社団法人」としての認定を受けたのは２０１３年７月１日。それ以来、補助金に支えられた「右肩上がり」の財政拡大が続いていた。

２０１３年９月に東京オリンピックの開催が決定し、各競技団体はオリンピックで結果を出すことを目標に、強化関連の支出は協会のあるべき水準を超えた「背伸び」したものになっていた。

より好成績を収めるために海外遠征をしたい、世界的なコーチを招聘したい、練習環境を整えたいなど、歴史的に見て

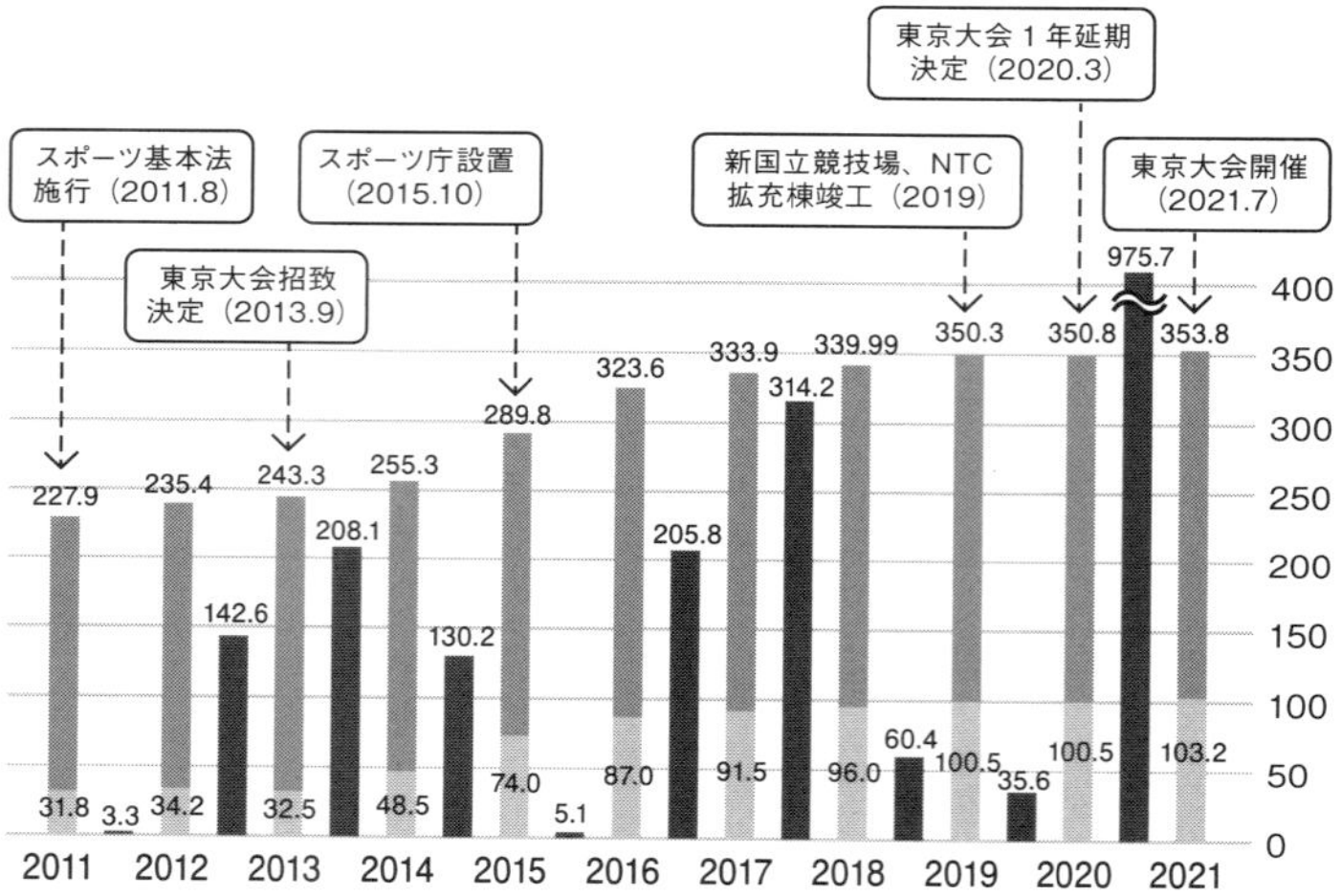

（出典：財務省）財務省ホームページ：https://www.mof.go.jp/about_mof/councils/fiscal_system_council/sub-of_fiscal_system/proceedings_sk/material/20211101zaiseisk.html

も強化関連支出は常に協会最大の支出項目である。

東京オリンピックに向けてその動きを加速を許す環境となり、財政規模は「右肩上がり」となった。それはイコール、財政的な制約から「何かをやめる」意思決定をしてこなかった（せずにすんできた）ということでもある。

参考までに、典型的な年度であった2018年度の財政状況を見てほしい。これがコロナ禍前、東京オリンピック前のフェンシング協会の収入と支出の構造だった。

自己資金の調達力を強める

財政問題への対応には、大きく分けて2つの方法がある。

図3　スポーツ関連予算額の推移

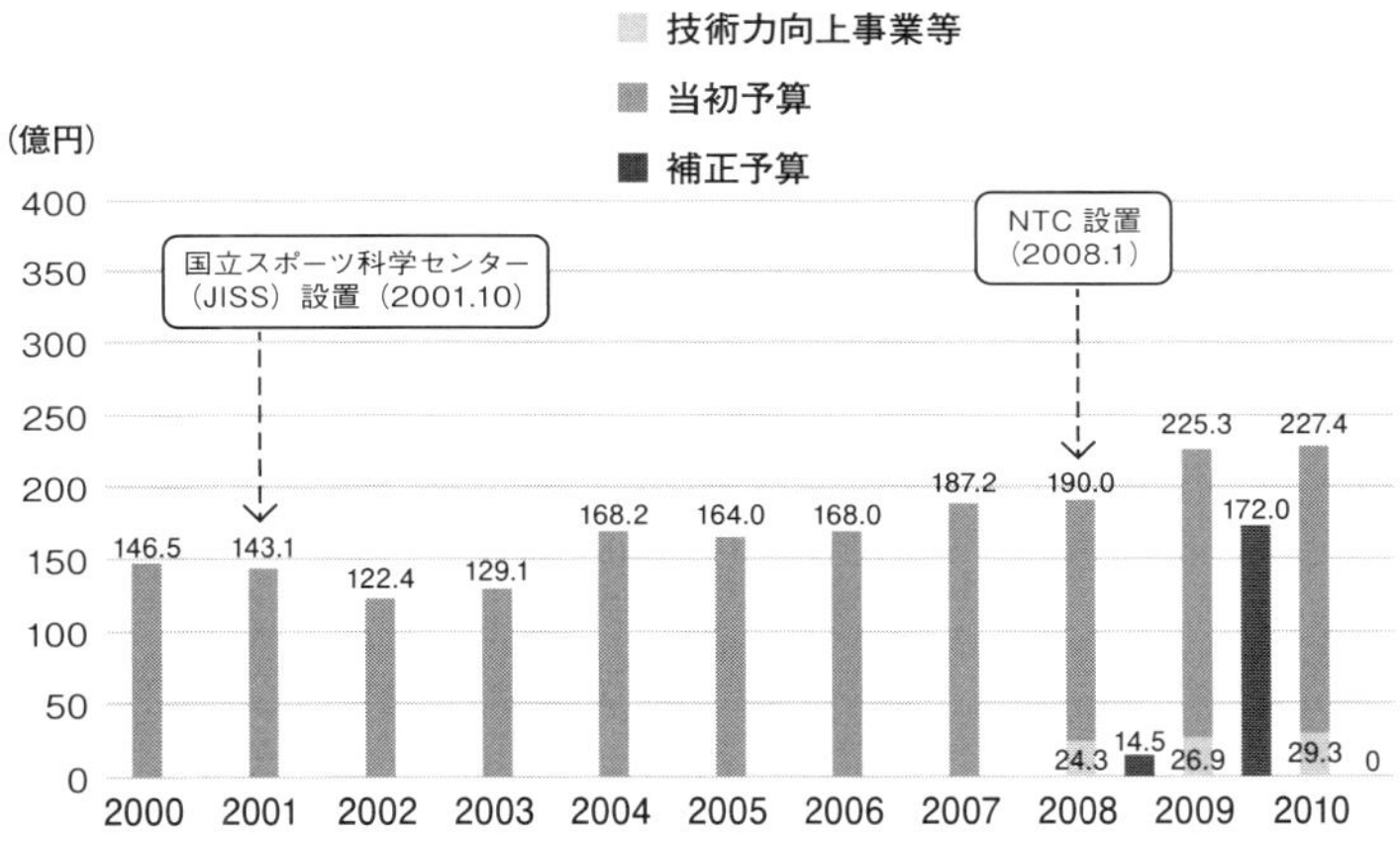

※2007 年度以前については、当初予算のみを表示。
※「競技力向上事業」は、各競技団体が行う強化合宿や海外遠征、コーチ設置等の支援や、東京 2020 大会に向けた戦略的な選手強化を行うため、従来の事業を一元化して、2015 年度から実施。

ひとつは、自己調達資金を増やし、財政支援（補助金）への依存度を低下させる。いわば協会財政の「自立性」の確保だ。

そしてもうひとつは、支出のコントロールに焦点を当てて「財政ガバナンス」を強化することによる、協会財政の「自律性」の強化である。

そもそも、補助金に依存することは、何が問題なのか。

補助金自体は、スポーツによる国民の幸福度や健康増進の観点から、国の方針を財政支援によって体現したものであり、正当性を有している。また、その理由から、本来的に公的な意味合いをもつスポーツ競技団体の経営を財政面から支える重要な一要素である。

2011年に制定された「スポーツ基本法」

で、現状の日本では「スポーツは、世界共通の人類の文化」であると認識されている。つまり、今日、国民が生涯にわたり心身ともに健康で文化的な生活を営むうえでスポーツは不可欠なものであり、スポーツを通じて幸福で豊かな生活を営むことは、すべての人々の権利だと考えられているということだ。

しかし、だからといって補助金に「過度」な依存をすることは、協会の経営上のリスクを高めてしまう。

なぜなら、補助金の給付については将来の予測が困難だからだ。

言うまでもなく、日本の国家予算は単年度主義であることから、多くが国家予算からの支出に基づいている補助金全体の額について、来年度以降、将来的にどうなるか確信をもって予測することはできない。

これに対し、たとえば強化事業など、スポーツ競技団体が手掛ける事業の多くは何年もかけて行う長期的な性格を有している。たとえば、海外からのコーチの招聘は、オリンピック開催年を意識して4年間が基本になってくる。

さらに、個々のスポーツ競技団体にどのように補助金が配分されるかは、多くの場合、

図4　日本フェンシング協会の収入構造の概要

（単位：百万円、％）

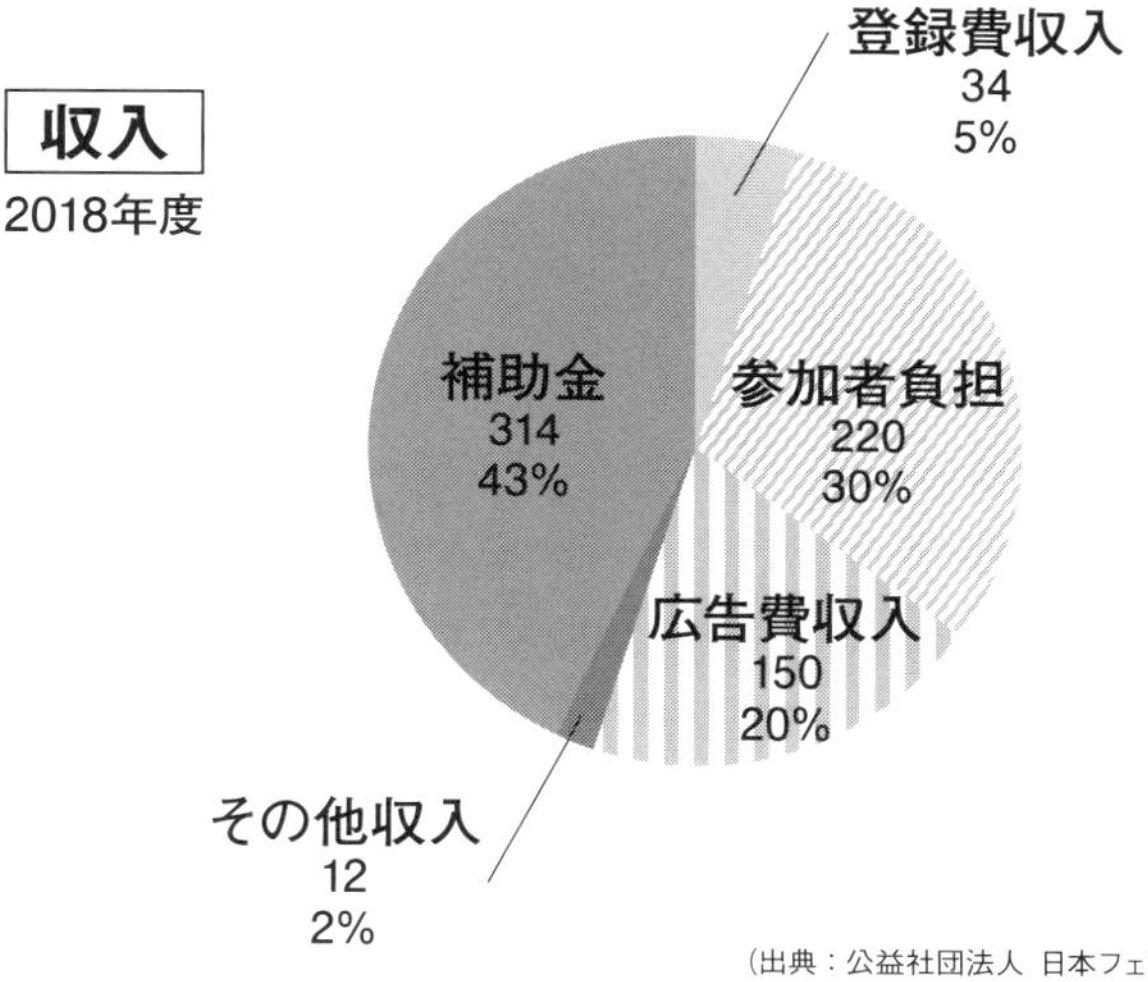

（出典：公益社団法人 日本フェンシング協会資料）

図5　日本フェンシング協会の支出構造の概要

（単位：百万円、％）

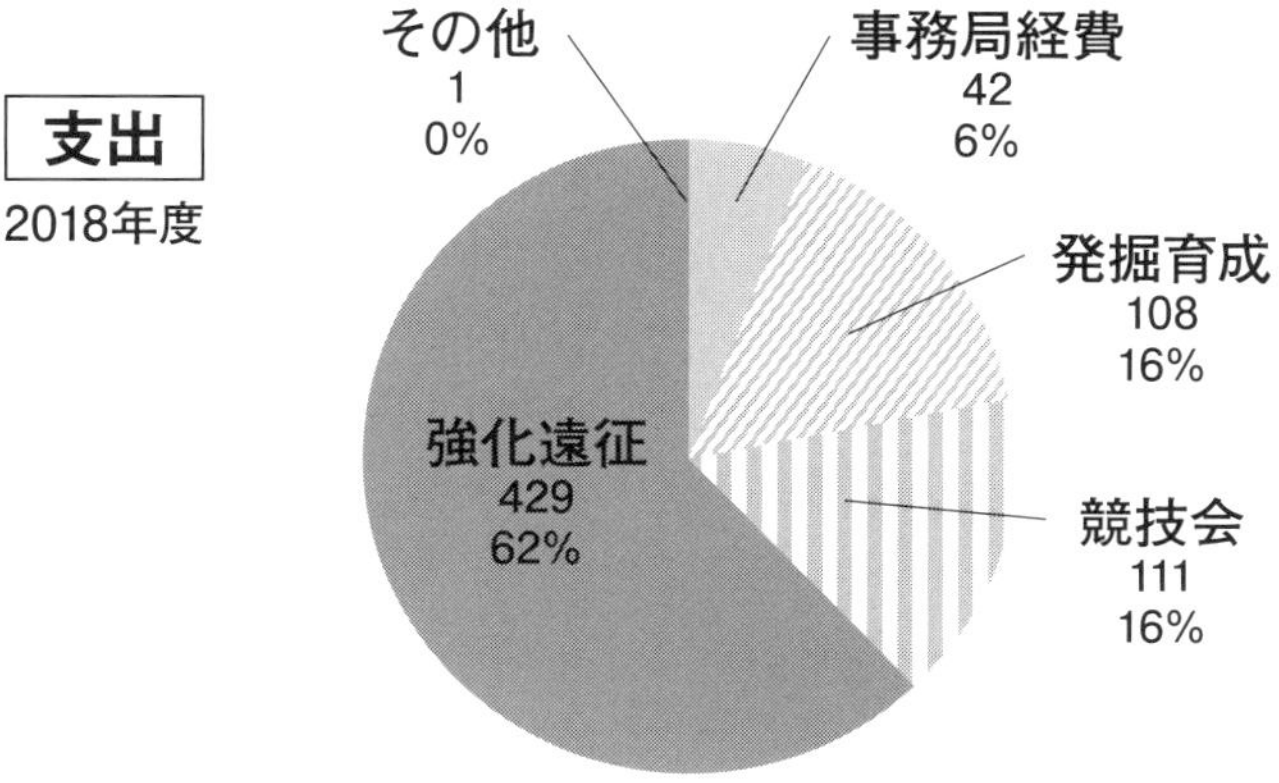

（出典：公益社団法人 日本フェンシング協会資料）

図６　日本フェンシング協会の財務状況の推移

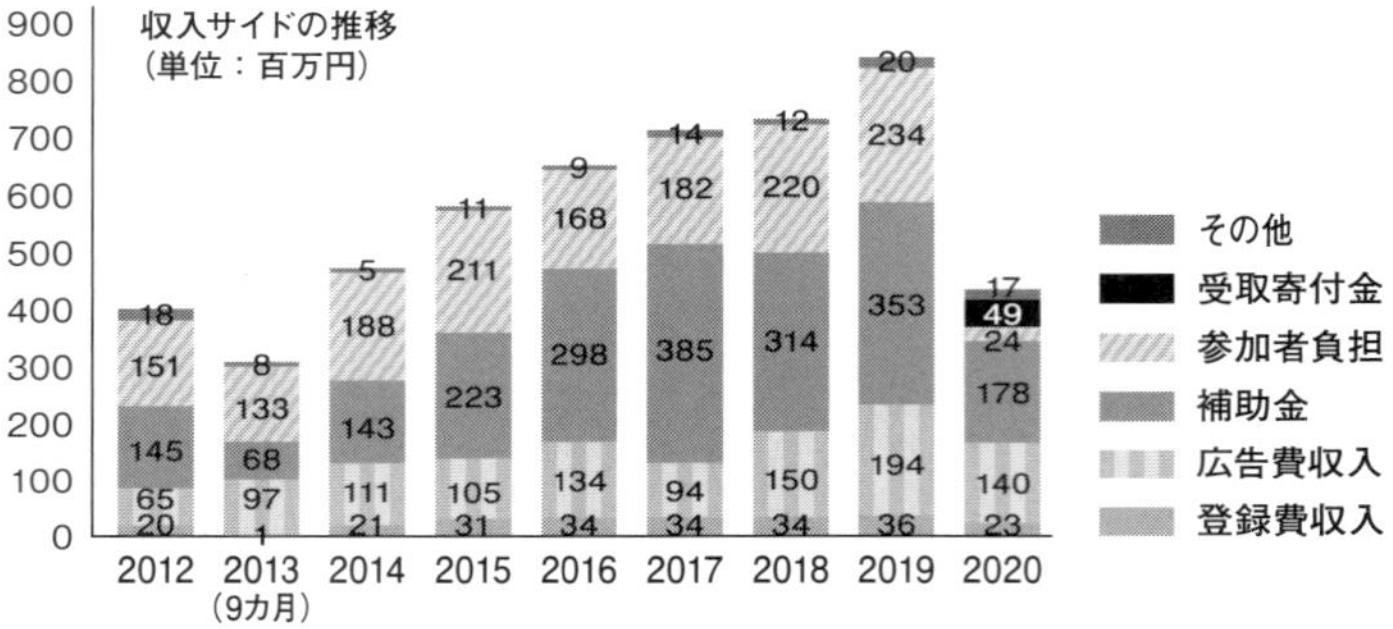

（出典：公益社団法人 日本フェンシング協会資料を元に筆者作成）

直近の競技成績などによって変わってしまう不確実性を有する。

希望的観測を含めれば、東京２０２０が終わるまでは、おそらく政府のスポーツに対する手厚い支援体制は変わらないだろうと考えられたが、それは一種の執行猶予とも言うべき、特殊な状況と考えたほうが安全だ。このモラトリアム期間の間に、十分な手立てを講じておかなければならない。

では、実際にわれわれはどのようにして、収入面における「自立性」を強化したのか。

この収入サイドを牽引したのは太田氏だった。

主たる戦略は、１年に一度開催される全日本選手権の個人戦を、ある種のショーケースに仕立てることだった。それにより、より多くのスポンサーを獲得しようと努めた。

協会の理念に当てはめるならば、フェンシングの「感動体験」をつくり出し、伝えることにより、経済的価値に変換する。そのために、全日本選手権を「再定義」し、「リデザイン」したのだ。

その結果としての協会収入の推移を見ておくと、リオデジャネイロオリンピックが開催されるため一時的に拡大した時期はあるものの、過去、広告収入はおおむね1億円程度の水準で推移してきた。それが、2019年度には2億円程度にまで増加した。

2020年度はコロナ禍の影響で思うようにはならなかったが、佐賀県との協定を結び「ふるさと納税」を導入。これによる収入3500万円を計上しており（グラフ上では「受取寄付金」の項目に入る）、広告収入と合わせて2億円には届かないものの、難しい環境においては高い水準を維持できたと評価できよう。

全日本選手権の位置づけを変える

全日本選手権は、文字どおり「日本一」を決める国内でもっとも名誉ある大会だ。

だが、その誇るべき大会が、何年も変わらず「無観客状態」だった。

開催地である東京都世田谷区駒沢の大きな競技場のスタンドにいるのは出場する選手と家族などの関係者だけで、太田氏が銀メダルを獲得しても状況はあまり変わらなかった。

初の快挙となった2008年の北京オリンピックの後は、一時的に観客が訪れたものの、長続きはしなかった。

男子フルーレ団体で銀メダルを獲得した2012年のロンドンオリンピック直後に行われた全日本選手権では、銀メダリストが2人で戦ったが、そのときに撮られた写真を見る限り観客は見当たらず、あたかも「無観客試合」の様相だった。

その写真を眺めながら、太田氏は何度も言った。

「残念です」


太田氏が指摘するように、誠に「残念」な光景ではある。

だが、だからといって当時の協会経営陣が悪かったかといえば、それは適切ではないと私は考える。なぜなら、当時は全日本選手権に象徴される「競技会」に観客を入れることを想定していなかったのだ。

まさに、競技会は、競技を行うための大会であり、それ以上でもそれ以下でもない。実は海外で行われるフェンシングの国際的な競技会であるワールドカップやグランプリ大会も、いくつかの例外を除けば、それほど多くの観客が会場に入るわけではない。

日本のみならず、競技会は競技をやるための大会という色合いが濃いのが、世界的なフェンシングの実情だ。

ではなぜ、太田氏が会長となり、競技会に観客を入れることが必要だ、入れなければならない、と考えるようになったのか。

それは、太田体制のもとで定めた「フェンシング・スポーツ」の目的が「感動体験の提供」であり、何より、フェンシング協会が財政的な自立と自律を果たすために、フェンシングの「価値」である「感動」を経済的な形に変えることが求められたからだ。この考え方のもとで、競技会の意義を「再定義」したのだ。

観客有料化・高額化の意味

フェンシングで観客を有料化するということの意味は、野球やサッカー、バスケットボールなど、年間何百という試合が全国で開催される、興行としてのプロスポーツとはまったく事情が異なる。

フェンシングには有料化できるほどのコンテンツ（大会）が数えるほどしかない。

それであれば、「無料でいいじゃないか」「そもそも競技会にお金などかけられないんだ」というのが、かつての考え方だった。また、太田体制以前にも一部有料化の試みは実施されていたが、中途半端なものに終わっていた。

だが、そのままの発想では、いつまでも競技会をコストセンターとしてしかとらえることができず、いかにコストを低減するかという点のみが重視され、運営者は縮小均衡に追い込まれるしかすべがない。

だから、太田氏は全日本選手権大会の意義を「再定義」することで、変化させることを望んだ。そのポイントは大きく分ければ3つに整理できると考えている。

①大会のコストセンター化を防ぐ
②観客の有料化により、「顧客単価」と「顧客数」をフェンシングの「価値」の指標としてアピールする
③全日本選手権の個人戦決勝を「ショーケース」としてデザインし、フェンシングの「価値=感動体験」提供の場とする

たとえば、映画の入場料、演劇の入場料、野球の入場料。そのどれもが「あなたはこのコンテンツにいくらお金を払いますか?」と尋ねられているのと同じだ。
このコンサートだったら5000円くらいは払うけれど、8000円だとちょっと高い

な、と思案する経験は誰にでもあることだと思う。

では、フェンシングの大会に、どれくらいの値段をつければ観客が来てくれるのか。全日本選手権を有料化し、その高額化を目指すことは、大会の「価値」を問いただしていることに他ならない。

太田氏が会長となって迎えた初年から、通常開催ができた2019年までの観戦チケット価格、観客数は以下のとおりだ。

2017年　第70回

駒沢オリンピック公園総合運動場体育館
観戦料：1000円
観客数：約1500人

2018年　第71回

東京グローブ座
観戦料：S席5500円、A席4000円、B席2500円
観客数：約700席（40時間で完売）

２０１９年　第72回

渋谷公会堂（ＬＩＮＥ ＣＵＢＥ ＳＨＩＢＵＹＡ）
※決勝２日開催
観戦料：プレミアムシート３０００円、Ｓ席２日間通し券１２０００円、Ｓ席６０００円、親子席５０００円、Ａ席３５００円
観客数：２日間で３１９８席

２０１８年にはそれまで行われていた駒沢体育館から東京グローブ座へ会場を移した。舞台やミュージカル、ジャニーズ事務所の公演などが行われている有名な劇場で開催することで、観客数を限定的とする一方、顧客単価の大幅な引き上げを目標とし実現した。ＬＩＮＥ ＣＵＢＥ ＳＨＩＢＵＹＡで行った２０１９年は、高い顧客単価を維持しながら決勝を２日に分け、来場者数の大幅な引き上げをねらい、結果的に大会、集客ともに成功を収めることができた。

大会の観客収入は「顧客単価」×「有料入場者数」であり、戦略的展開を経て同大会の収入を押し上げた。

そして、重要なのは「フェンシングの価値」の「指標」としての役割だ。

「感動体験」を求めて、高い顧客単価を支払い、大勢のお客様が来てくださる。これこそが、フェンシングの「価値」をもっともわかりやすい形で表しているはずだ。

大会収支という観点から観客収入はもちろん大事だが、この「指標」に裏付けられたフェンシング・スポーツの価値に共感し、フェンシングをサポートしてくださる幅広い企業からの財政面での協力が、フェンシング協会の財政バランス改善の重要な原動力となる。

そのための「展示場」、つまりショーケースとなったのが、全日本選手権だった。

魅力的な「ショーケース」をプロデュース

魅力的な大会、演目にはそれを演出する存在が必要だ。

太田氏の真骨頂は、この大会を魅力的にする「プロデューサー」としての役割である。

ここはすべてを彼に任せた。

そのなかで導入されたのが、さまざまなテクノロジーだ。

フェンシングに馴染みのない方、初めて見るという方々からよく言われるのが、「フェンシングはわかりづらい」ということ。

剣の攻防が速く、どちらがどのように剣を動かしてどこを突いたのかわからない。観戦競技として致命的な課題を克服すべく、太田氏は多くのテクノロジーを用いた。

たとえば、LEDを使い、場内の照明効果を改善した。

さらに、HIP HOP DANCEと映像技術を融合させたオープニングセレモニーを行い、これは本当にフェンシングの大会なのかと驚かせたところで、競技が始まればフェンシング・ビジュアライズドという特殊な映像技術を用いて、剣の動きを可視化する（この具体的な話は後述する）。

決勝を戦う両選手だけでなく、審判の心拍数もリアルタイムで表示し、試合の緊迫感まで可視化した。細かな演出効果も含めれば、数限りないほどの工夫が施された。

太田氏はこれらの演出を「エンターテインメント化」と説明してきたが、私が見る限り、3つの方向性が含まれていたと思う。

1つ目は、純粋に視覚や聴覚を通じて「感動」を誘発する仕掛けづくり。

ポイントを取ったときには、客席にまで設置されたＬＥＤが点灯し、視覚から大きな入力を受けるとともに、空間を震わす大きな効果音が聴覚のみならず、空気の振動となって体を直接的に震わせる。

２つ目が、フェンシングの魅力をよりわかりやすくするための工夫。

たとえば、剣で相手を突き、ポイントが入るときも視覚や聴覚の刺激でわかりやすく伝え、フェンシング・ビジュアライズドという映像技術で剣の動きを見せる。

また、全日本選手権では、歌舞伎のイヤホンガイドのようにライブで競技解説を行った。これも、フェンシングのルールに不慣れな観客の要望にお応えしたものだったが、試合の解説はもちろん、選手のプレースタイルや、時には素顔のエピソードまで盛り込み、大変好評だった。

加えて、フェンシング選手はマスクをかぶっているため表情が見えないので、見ている人にはどんな心情なのかも伝わりづらい。

マラソン競技であれば終盤、ランナーが見せる苦しい表情が大きな共感を呼ぶことができるが、顔が見えないフェンシングの場合、表情で「感動」を誘発するのは難しい。

そのために、心拍数をリアルタイムで表示することで、選手もこれだけ苦しいんだ、緊張しているんだ、とよりわかりやすく伝えるための策を講じた。

そして3つ目が、より良い環境づくり。

観客の方々にアンケート調査を実施した。そのなかの「小さな子どもを連れて観戦したい」という若い夫婦の意見を参考に、2019年には託児サービスを設けた。

われわれだけの考えでは見落としがちな点について観客の方々の意見を取り入れ、大会の改善につなげて、より楽しんでいただけるイベントに育てていく。それが私たちの願いだった。

第4章

組織の強化

ベンチャーとしての組織論

2017年、専務理事を引き受ける際に、私は自分の働き方を変えた。それまで、いくつかの外資系の運用会社で働いてきて、次の職場を考えているタイミングだった。

しかし、フェンシング協会の専務理事を引き受けるとなると、経営責任だけでなく、緊急時の対応もある。

どこの運用会社であれ、これまで以上に時間的拘束を受けて働くことは難しいと考えた。東京2020オリンピックも目の前に迫っている。とくに外資系の場合は海外との連絡も多いので、時差があり、昼夜を問わずやりとりをしなければならない。これを続けていくことには無理がありそうだった。

考えに考えた末に、私が専務理事のポジションと並行して選択したビジネスとの関わり方は、ベンチャー企業の経営に携わることだった。

前章でも述べた「フィンテック」と呼ばれるビジネスで、金融ビジネスにテクノロジーを取り入れ、旧来の業務に革新的なソリューションを提供するビジネスである。

以前勤めていた外資系運用会社の同僚が始めたベンチャー企業に、取締役として経営に参画することとなった。

仕事を始めてみると、面白いことに、このフィンテック・ベンチャーとフェンシング協会の仕事の進め方には、非常に類似する部分が大きいことに気がついた。

フェンシング協会とベンチャービジネスの2つの仕事は、まったく違っているようではあるが、両方とも経営という立場であり、しかも、類似性が高く、シナジーを生んでいたと考えている。

新たな挑戦は、新たな気づきを与えてくれるきっかけとなった。

私が参画したのは「Sasuke Financial Lab」という会社だ。

「Sasuke」というのは、立ち上げの際に神奈川県鎌倉市佐助町のアパートの一室にオフィスを構えたことに由来する。立ち上げ期には、社員わずか数名の小さな会社だった。

数名で始めた頃は全員が経営にも直接的に関わり、「即断即決」で物事をどんどん決めていかなくてはならない。そのため、まず行われるのは、会社の理念や経営方針などについて決定するための、極めて密度が高い議論だ。

当初は業務範囲も不明確で、できる人ができることをどんどん対応していかなければならない。朝令暮改も当たり前、間違ったと思えば、どんどん決定を覆して前に進んでいかなければならない。

フェンシング協会で太田体制が始まった頃と同じだ。

私は当初、協会の経営体制に関して、別のプランをもっていた。

ベンチャー企業型ではなく、協会経営を4つの事業に整理し、各事業部門別に経営責任と執行を明確にし、会計上の区分と整合的な組織をつくるべく「事業本部制」にしたいと思っていた。

それぞれの事業本部長を常務理事にし、常務理事会で機動的かつ、組織全体に統合的な意思決定を可能にする。これだけでも、協会経営のノウハウを分散共有することにつながり、十分なメリットを生むと考えていた。

しかし、太田体制の前半は、あえてこの抜本的な組織変更を見送った。

理由は2つあった。

1つは、適材適所に配置する人的リソースが不足していたこと。たとえ組織として体裁は整えても、きちんと機能するかといえばその稼働も危ぶまれる。理事の経営能力を高めるために、ある程度の時間が必要だった。

2つ目は、「立ち上げ期」のベンチャー企業のように、意思決定のスピードを優先したのである。そのため経営執行部をコンパクトな「経営チーム」にして、意思決定プロセスをタイトな構造にし、「即断即決」で決めていける体制とすることを選択した。

協会の理事定員は本来20名。だが、当初の執行部は会長の太田雄貴、副会長の山本正秀、常務理事の飯田徳光に私を加えた４名。通常は5名定員の常務理事も飯田理事のみで、非常に異例な体制だった。

執行部をここまで絞ることに、私は正直に言えば「なかなか思い切ったな」とうならされた。

このときの風景はまさにベンチャー企業そのもの。少人数による議論を繰り返し、さまざまな協会改革の方向性を素早く決めることができた。

協会改革の「成熟」とともに

協会の体制を事業本部制に移行したのは、太田体制の後半だった。

２０１９年6月の総会で信任を得て、会長として2期目に移行。先述のとおり、協会の機能は４つ。

法人としての機能。

競技会を実施する機能。

普及育成を行う機能。

強化を行う機能。

事業本部制を導入するに際し、まずこの4つを組織的にも事業本部として分けることで、明確化した。

これにより、事業執行と会計の区分も整合的になり、各事業本部長が予算の立案、執行を含め統括する。さらに、各事業本部長は原則として常務理事とすることで、常務理事会が協会全体を把握し、機動的に機能できる体制に変えた。

もちろん、新しい体制のスタート段階では不十分な点も多かったが、利点はあった。それぞれの事業の、より細部にまで経営の目が行き届くようになり、理事会で過去にはなかった議案が多く挙げられるようになった。これにより、太田体制が終了したから終わり、というものではなく、これからも各事業本部への権限移譲が進めば、理事会はより経営に集中することもできるはずだ。

本当にやって良かったと安堵したことを覚えている。

一方、私のもうひとつの仕事であるベンチャー企業、Sasuke Financial Labも、業容は順調に拡大し、オフィスを大手町FINOLAB（フィノラボ）に移し、人の数も数名から40名程度となった。

こちらはこちらで、その企業規模に応じた組織構造の手当てが必要となり、ピラミッド型（部や課など重層型構造とする組織管理手法）、から、さらにはマトリックス型（評価方法などを事業部門別に縦に区切るとともに、機能別に横串でも区切ることで縦横両方から管理する手法）の組織経営に移行している。

フェンシング協会の4年間を「前期」と「後期」に分けて組織論的な整理をするならば、

◉前期：限定されたメンバーで、まず組織プロセスの基本を構築した2年

◉後期：組織プロセスの基本が組み上がり、組織活動を領域別に括り直した2年

と説明することもできるだろう。

スポーツとビジネス、スポーツ競技団体と一般企業の経営は切り離して考えられがちだが、組織経営という観点で見れば、実はまったく特殊でも異質でもなく、その2つは同様に考えることができる。

とくにフェンシング協会のように、急激に大きく舵を切り、改革を行う場合は、ベンチ

ャー的な組織経営が効果的だったと私自身も実感している。

「イノベーション」を加速する協会経営

フェンシング協会がベンチャー的だと感じる理由が、もう1つある。

「イノベーション」を重視した点だ。

そもそもイノベーションとは何か。言葉が有する本来的な意味において、ビジネスにおいては、新しい「価値」の創出や強化を組織的に行うことである。

では、スポーツ競技団体が求める「価値」とは何か。具体的な課題は何か。そもそも何を達成したいのか。これらを明確にしなければならないはずだ。

イノベーションとは、新しい「価値」の創造や強化を組織的に行うことであり、スキルやテクノロジーは何か新しいものを生み出すことには欠かせない要素ではある。だが、優れたスキルやテクノロジーを用いること自体が、改革の成功を保証するものではまったくない。

また、スポーツ競技団体の人的、賃金的リソースや組織が対応できる能力は限られていて、解決すべき課題へ向けて何をどうやって取り組むか、優先順位をつけることが不可欠

図7　イノベーション創出のプロセス

となる。

だからこそ、スポーツ競技団体は目標となる基本的な「理念」や、重要と考える「価値」や将来的な「ビジョン」をできる限り明確にする必要がある。しかも、経営陣はもちろん、それがステークホルダー間で共有されていることが望ましい。

「イノベーション」の構造

実際にフェンシング協会における「イノベーション」はどのように進められたのか。

1つの例となるのが、前章で述べた「フェンシング・ビジュアライズド」ではないだろうか。

このプロジェクトは、太田氏がライゾマティクス社の協力を得て進めた企画であり、まさに彼の「肝入り」とも言うべきプロジェクトだった。

複数のカメラを用いた映像から剣の軌道を推定し、剣の動きを映像として見せる。極めて高度な映像解析技術を用いている。これまでも剣先にテープを貼り、光学的に追うことによって剣先の動きをとらえて可視化しようという試みはあった。だが、この新しいテクノロジーである「フェンシング・ビジュアライズド」は、剣に一切の付加物なしで、ＡＩ（人工知能）を用いて映像を解析することによって剣の動きを認識し、解析結果を映像として提供する。

観客からすれば、瞬時の攻防が光の軌道によって可視化されることで「こうやってポイントが入ったのか」と理解につながり、競技観戦の興味を高める。実際の試合でもこのテクノロジーは適用することが可能で、東京２０２０オリンピックに向け、ノウハウを積み上げてきた。

ではなぜ、この映像解析技術が重要だったのか。

フェンシング協会は、新しい体制のもとで、感動体験を提供し、共有することに価値を求めた。

ならば感動はどこから生まれるのか。その要素は1つではなくさまざまであり、人それぞれ感動するポイントが異なる場合もある。そもそも「感動」を分析することも協会としては大きな関心事項であるが、わかりやすく例を挙げるならば、「強さ」も感動を生み出す要素のひとつだ。オリンピックや世界選手権など大きな国際大会で成績を収めれば、

「感動した！」と多くの声も寄せられるが、試合での成績は「強さ」を示すエビデンスのひとつでしかない。

人の感動は、もっと直接的なことでも起きる。

多くのスポーツがそうであるように、フェンシングでも、試合を見に来ていただいた方々には五感を通じていろいろなものが直接的に伝わる。

たとえば、剣を交わすスピードや速さは視覚に訴え、ピストと呼ばれるアルミニウム合金製の床を踏み込み、相手を突くときに床を蹴る音や振動も人の心を直接かきたてる。

ただし、もっとも難題であるのが、視覚に訴えるべきフェンシングの剣の動きが極めて速いということだ。

全日本選手権の集客に力を入れるようになり、多くの方々が会場へ足を運んでくださるようになった。

だが、「剣の動きが見えなかった」「相手をいつ突いたかわからなかった」という声を多く聞くのも現実だ。それも致し方ないとも思う。実は観客だけでなくプロの審判でさえも、ときとして剣の動きを正しくとらえることが難しい場合があるからだ。

とはいえ、スポーツであるフェンシング競技においてもっとも沸き立つ瞬間は、相手を突き、ポイントを得る瞬間だ。そして、その行為が見た目では認識できないというのは非常に大きな問題だった。

剣の攻防が最大の魅力であるのに、それが「見えません」では、サッカーにたとえるならば「いつゴールしたのか見えなかった」というのと同じだろう。

しかも、速さこそがフェンシングの魅力を伝える、実に大きな要素であるにもかかわらず、一般の観客の方々と共有できないというのは実に残念すぎる。

太田氏がフェンシング・ビジュアライズドに注力したのは、まさにこの点だ。

もし剣の動きを観客にわかりやすく可視化することができれば、フェンシングの魅力をもっとダイレクトに伝えられるのではないか。

われわれが究極の目標とする「感動体験」の提供を語るうえで、剣の動きの可視化を重要な課題と認識した理由はここにある。

そのために必要であれば高度なテクノロジーを投入し、「課題」を解決することで、目標とする「感動体験」という「価値」の提供を果たす。このプロセスが、私たちにとっての「イノベーション」であると考えていた。

図８　テクノロジーを用いたイノベーションの創出

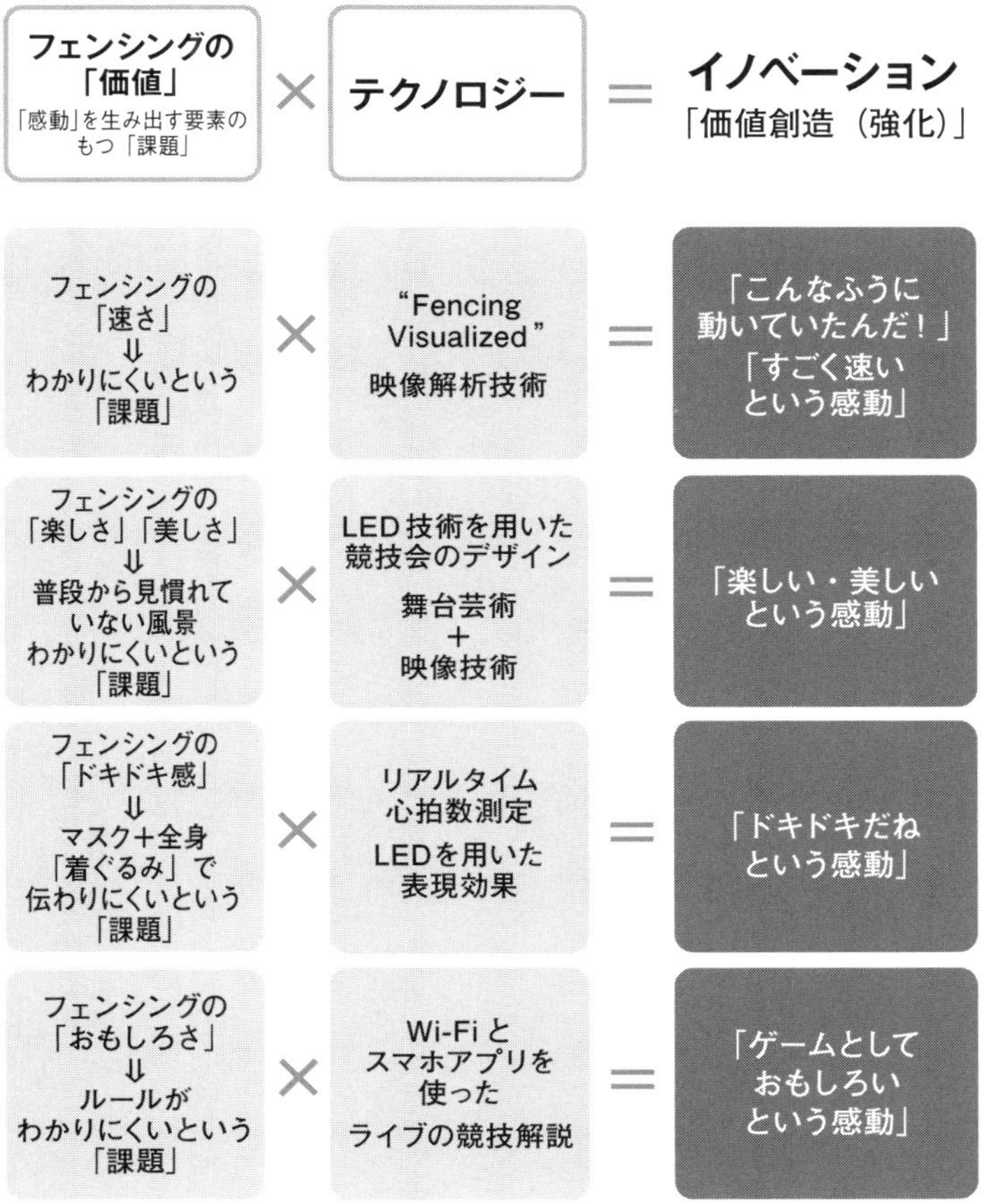

協会改革とフィンテック・ベンチャーとの類似性

「フェンシング・ビジュアライズド」というテクノロジーによって、「イノベーション」を創出する。

新しいテクノロジーの導入による課題解決はフェンシング協会の得意とするところであり、全日本選手権個人戦のエンタメ化においても、多くのテクノロジーを導入することで、「価値」創造につながる「課題」解決を行ってきた。

ただし、誤解しないでほしいのは、「イノベーション」という言葉の意味は、より多様であっていいということだ。

近年、テクノロジーの発展が著しいことから、新しいテクノロジーを用いた、いわば「狭義のイノベーション」にのみ光が当てられることが多い。

だが、テクノロジーにとどまらない、より広汎な、多様なスキルセットを活用する「広義のイノベーション」の重要性を忘れることはできない。

むしろ、オーストリアの経済学者ヨーゼフ・シュンペーターなどにより歴史的に経済学

図９　「イノベーション」を誘発する「改革」の構造

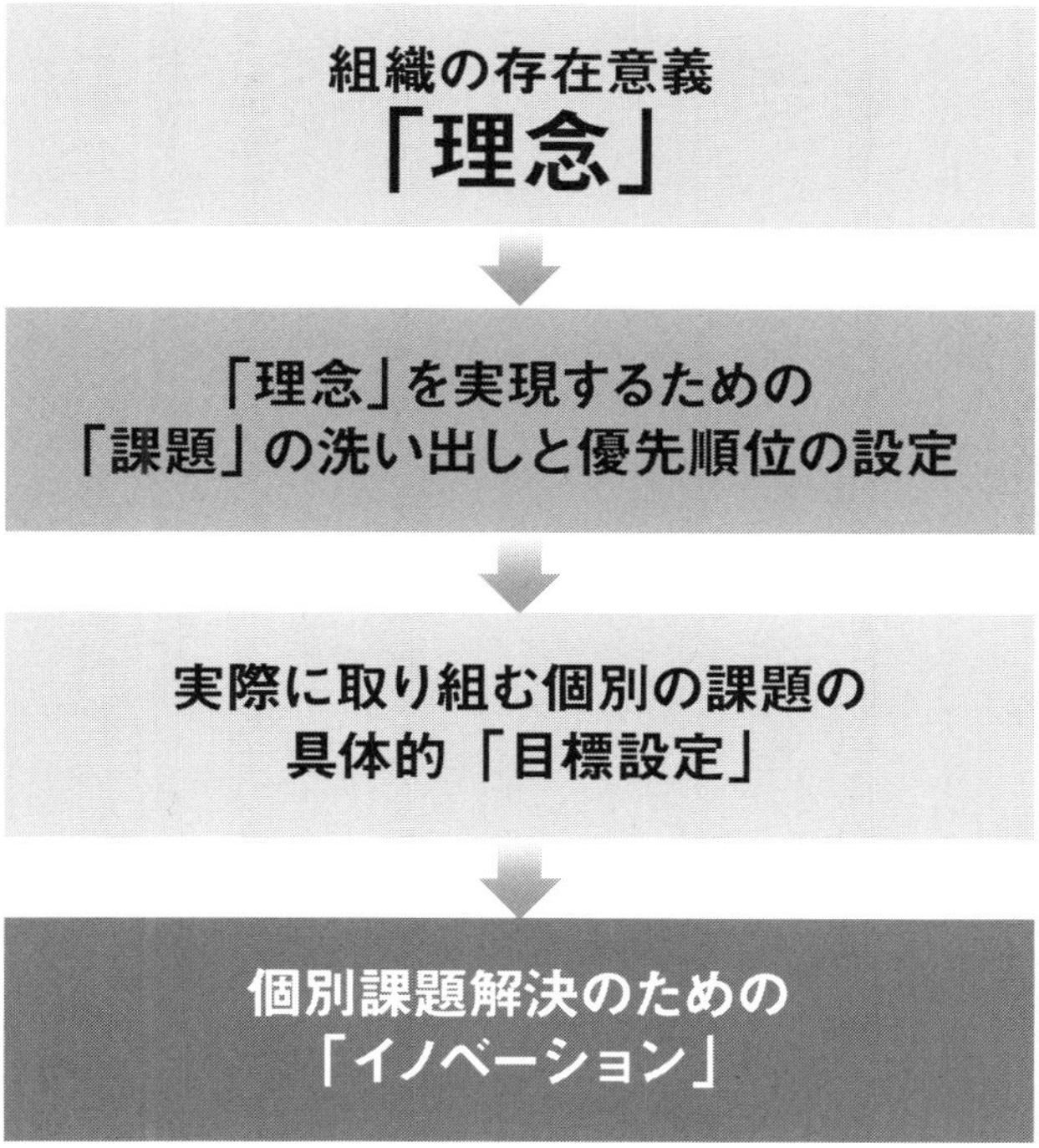

で語られてきたイノベーションは「広義のイノベーション」である。

そして、この「広義のイノベーション」こそが、フェンシング協会が行った「改革」のすべてを包含している。

「改革」は「理念」の設定に始まり、その理念を実現するための「課題」の洗い出しと優先順位付け。それを経た「個別課題」を解決するための「イノベーション」が次から次へと、なかば同時並行的に誘発されていくプロセスだった。

「イノベーション」には「スキル」や「テクノロジー」を有する「リソース」が不可欠である。

協会が組織として有する法務的スキルや財務的スキルを活用して、さまざまな課題解決にあたる。

そして、協会内にないスキルや足りないリソースについては、「委員会委員」としての登用や「副業兼業」、「企業との提携」等によって、躊躇なく外部から調達して補う。

スポーツ競技団体の多くが、スキルやリソースの不足が決定的なボトルネックとなって、さまざまな活動が阻害されているのは明らかなのだ。これをいつまでも「仕方がない」とそのままにするのではなく、いかに補うかという工夫が重要だった。

図 10 「改革」と狭義のイノベーションの関係

テクノロジーを用いた
狭義のイノベーションは
「改革（広義のイノベーション）」の
ひとつの方法

「価値」
(Value Chain)
「感動」を生み出す要素の
「課題」

競技会の収益化
会員拡大
競技者増加
ファンの拡大
選手強化
育成プロセスの充実
収益性の強化・安定化
ガバナンス・透明化の強化

×

「スキル」

科学技術的スキル
(テクノロジー)
PR広報スキル
マーケティングスキル
財務的スキル
法務的スキル
組織論的スキル
強化・育成スキル
人的管理スキル

＝

「改革」
（広義のイノベーション）

「課題」解決を通じた「価値」の創造や強化

図11　InsurTech（保険ビジネス×テクノロジー）の例

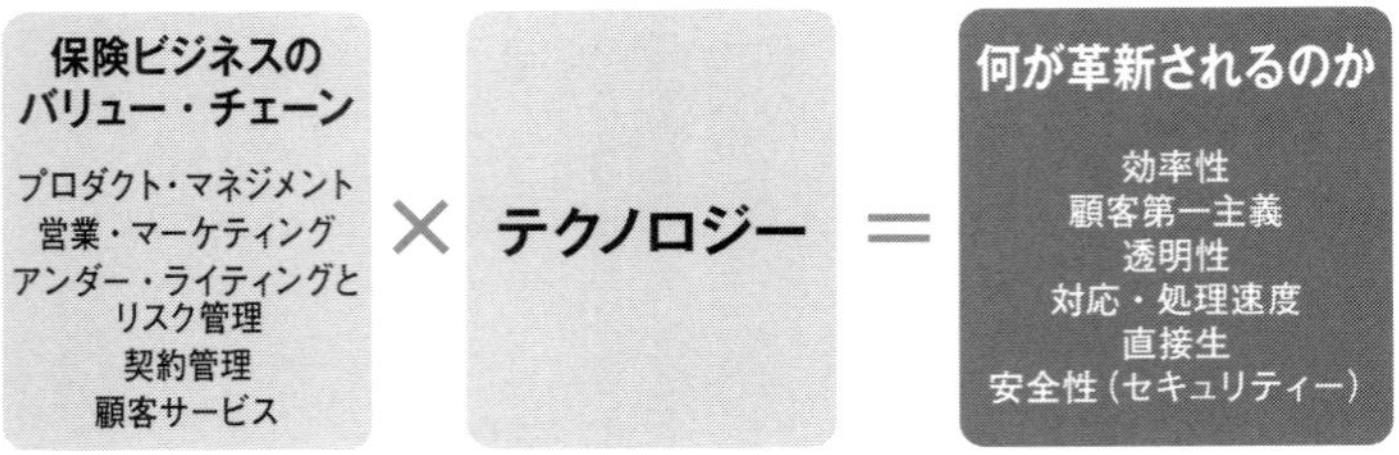

一方、テクノロジーが著しく発達している今日、課題解決にテクノロジーを導入するのは、社会的な傾向だろう。

たとえば、現在の金融の大きな潮流である「フィンテック」や、保険における「インシュアテック」のビジネスの構造そのものだ。

金融や保険ならば、それぞれのビジネスは「（経済的）価値」を創出している業務分野が鎖のようにつながっている（価値の連鎖＝バリュー・チェーン）と解釈される。

それぞれの価値創造の源となっている業務分野の課題をテクノロジーによって解決しようとするアプローチが、金融であれば「金融×テクノロジー＝フィンテック」、保険ビジネスであれば「保険×テクノロジー＝インシュアテック」と呼称される。

そして、そのビジネスの主体は、創造的で即断即決できるベンチャー企業だ。

このように見ると、「改革」「イノベーション」を志向するという観点からも、フェンシング協会とベンチャービジネスの親和性、類似性が高いことを、ご理解いただけるのではないだろうか。

コロナ禍に対抗する「イノベーション」

さまざまな改革を推し進めるなか、まったく予期しない大きな出来事に見舞われた。

2020年の新型コロナウイルスの世界的大流行（パンデミック）だ。

中国や日本などアジア圏のみならず、世界を巻き込むコロナ禍の蔓延。病気が直接的にもたらす災禍にとどまらず、緊急事態宣言で日常生活は著しく阻害され、日々の生活やビジネスに大きな影響を与えた。

当然ながらフェンシング協会にとっても、大きな障害となった。

2020年に開催が予定されていた東京オリンピックは1年の延期を余儀なくされ、国内外の競技大会は全面的に中止。トップアスリートに与えた影響はもちろんだが、競技大会が中止になれば当然ながらメディアへの露出も低下する。選手の強化のみならず、フェンシングの経済的価値にも直接的なダメージを与えた。

さらに、マクロ経済の悪化はスポンサー企業の業況を悪化させ、スポーツ競技団体への支出を難しくする。この間接的ダメージにも注意が必要だった。

しかも、コロナ禍は短期間で解決するめどが立たず、中長期的に対応しなければならないのは明らかだった。今後は、左記のような影響も懸念された。

①国家財政悪化→支出減（スポーツ関連予算削減）
②コロナ対策などによる競技・大会費用の上昇
③スポーツへの関心の低下→競技人口の減少

ダメージは大きい。だが、外部環境の悪化に対して、フェンシング協会は黙って下を向いて耐えていることは許されない。

いま何をすべきか。自主的対応の大きな方針として掲げたのは、以下の4項目だ。

①コロナ禍での大会開催能力の涵養
・安心、安全な競技開催
・映像を通じた観客への訴求
②資金調達手段の多様化、高度化
③補助金使途の弾力化等、上位統括団体、行政への働きかけ

図12　コロナ禍の拡大がスポーツ競技団体に及ぼす影響

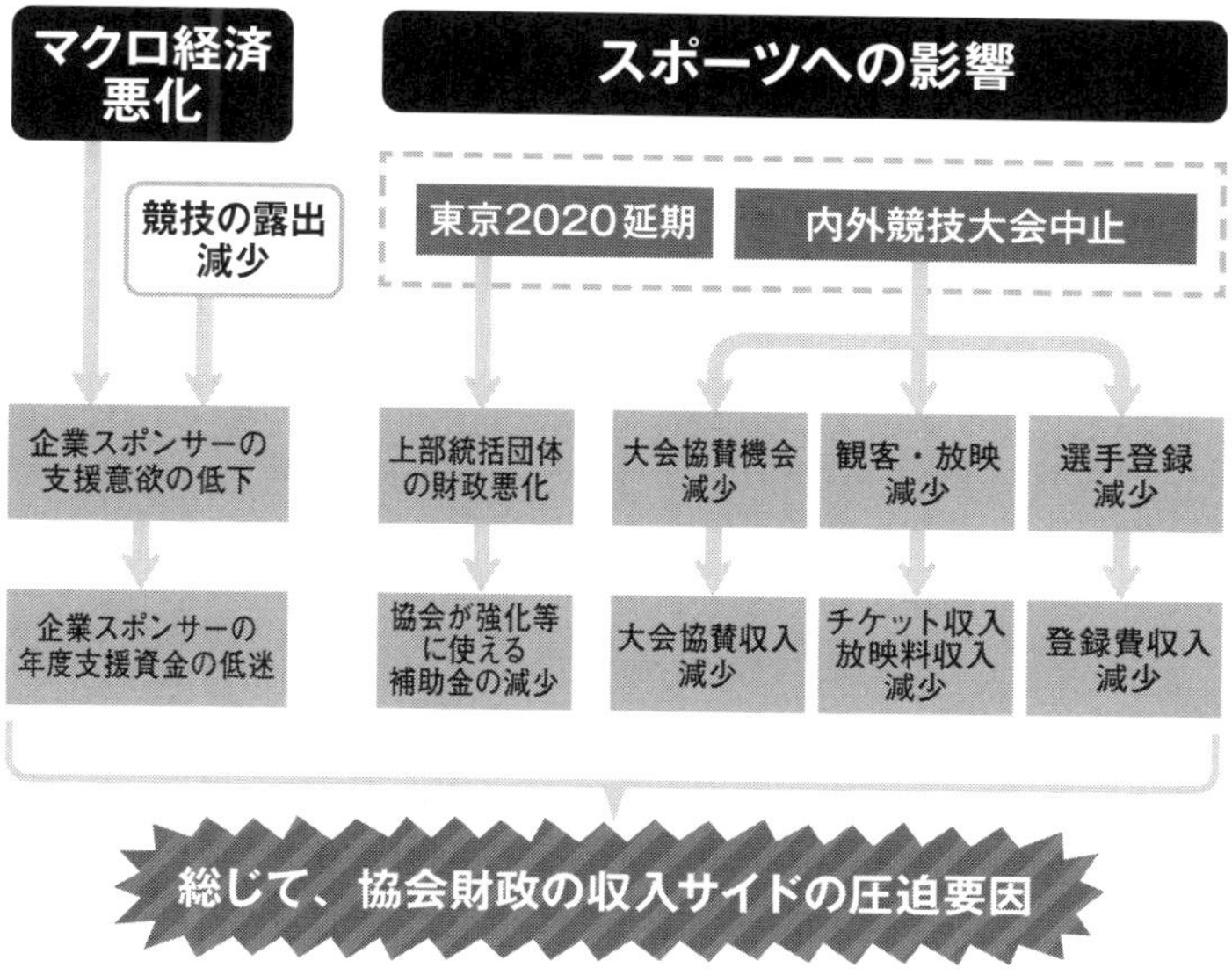

【潜在的懸念要因】

①国家財政悪化→支出減
②競技・大会費用の上昇
③スポーツへの関心の低下
→競技人口の減少

【自主的対応策】

①コロナ禍での大会開催能力の涵養
・安心、安全な競技開催
・映像を通じた観客への訴求
②資金調達手段の多様化、高度化
③補助金使途の弾力化等、上位統括団体、行政への働きかけ
④支出コントロールに関する財政ガバナンス強化

（出典：公益社団法人　日本フェンシング協会作成資料）

④支出コントロールに関する財政ガバナンス強化

なかでも力を注いだのは、２０２０年9月に全日本選手権個人戦を開催することだった。多くの競技団体が遠征や大会中止を決定するなか、フェンシング協会としてはニュー・スタンダード（新しい競技会の基準）の確立を目標とする。

財政面を除く大会運営面では、具体策として２つの基本方針を提示した。

①医学的見地から安全・安心な環境を提供する
②無観客のもとで魅力的な映像を提供する

まず、予選においては、無観客はもちろんだが、参加選手についても通常より参加人数を絞り、フェンシング協会の医学委員会の協力を得て、試合会場を臨時の診療所として登録し、SmartAmp 法により、予選当日に出場選手全員が病原体検査を実施。陰性が確認できた後に大会会場への入場が認められることにした。これもまた、医学的なテクノロジーとスキルを用いたイノベーションといえるだろう。

さらに、大会の実施に先駆け、医学委員会はフェンシングの競技中に飛沫がどれだけ飛

図 13　安全・安心な環境を提供する「新しい競技形式」を実現するために

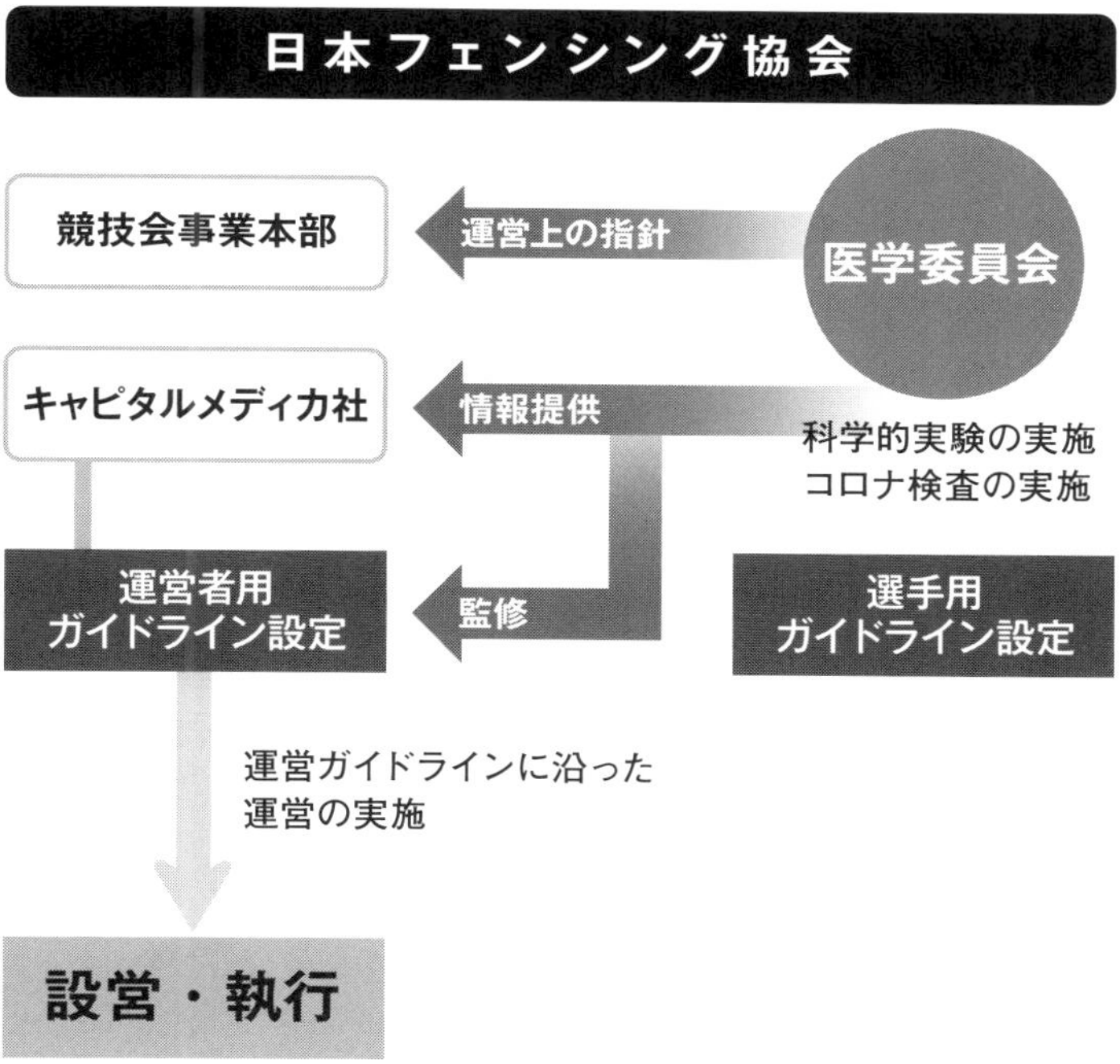

（出典：公益社団法人 日本フェンシング協会作成資料）

図 14　2020年全日本選手権向けに作成したガイドライン等

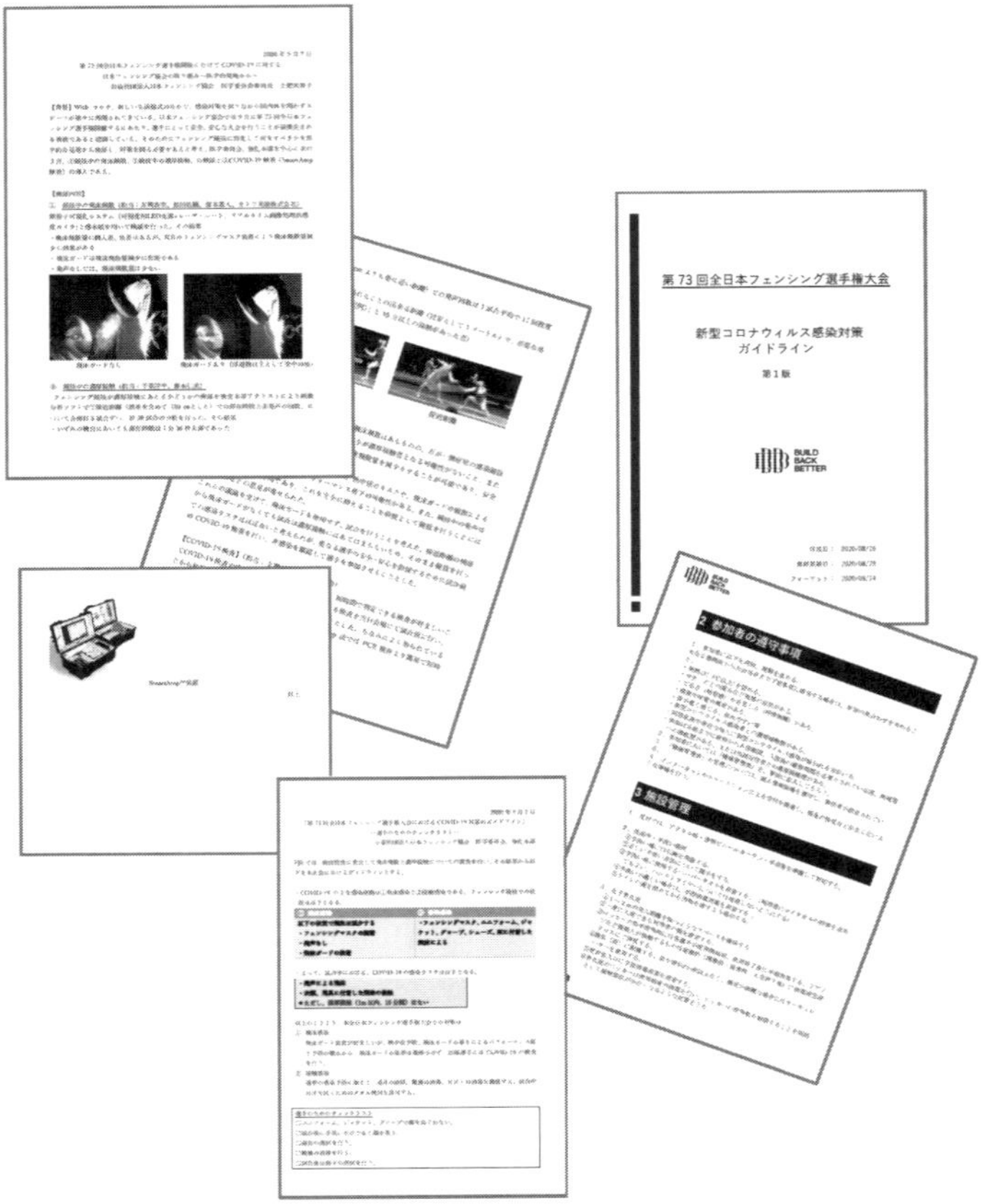

（提供：公益社団法人 日本フェンシング協会／竹見脩吾）

ぶ可能性があるのかという実験を行った。その実証実験から、リスクの事前アセスメントを行い、運営者と競技者向けそれぞれにガイドラインを定めた。

運営者向けガイドラインの策定については、ヘルスケアの専門業者である「キャピタルメディカ社」にもご協力をいただき、外部有識者の力をお借りした。

大会運営も同様で、コロナ禍での競技会運営にノウハウを有する専門業者に一部を委託した。協会内のリソースでまかなえないところは手当てをする必要があり、それを臨機応変に行うノウハウも重要な組織知であるのは間違いない。

そして、6種目の決勝戦を1日で実施する決勝大会は、イノベーションを用いてより積極的な攻勢に出た。

「無観客」開催を逆手に取り、観客がいないからこそできる映像の提供に力を注いだのだ。無観客なのだから、会場は体育館である必要はない。むしろ、映像効果を最大限に用いることができるスタジオやホールであればいいし、観客の視点を考えなければ、通常の競技会場では設置できないところにもカメラを置くことが可能だ。

競技の見せ方だけでなく、「フェンシング・ビジュアライズド」のカメラも制約なく設置した。試合の模様はテレビ朝日系列のＡＢＥＭＡを通じてリアルタイムに放映されたが、その映像は通常の有観客の競技会ではお伝えしきれなかった「感動」をあますところなく伝えてくれたと、胸を張って言うことができる。

新型コロナウイルスの蔓延は、国民の生活や経済に多面的な悪影響を与えた。

生命保険業界では、得意とする対面営業に頼ることができなくなったという課題に対して、インターネットを用いた非対面での販路の拡大を試みた。

一方、フェンシングは、無観客試合という課題に対して、映像技術でこれを乗り越えようとした。新型コロナウイルスが引き起こした課題に対して、テクノロジーによってイノベーションを起こし対抗したという意味において、ここでもインシュアテックとフェンシング協会の取り組んだ姿勢はまったく同じだった。

図 15　業種を超えたコロナ禍に対するイノベーション 例

コロナへの対応

InsurTech（保険ビジネス × テクノロジー）の例

保険ビジネスの
バリュー・チェーン
営業・マーケティング

「対面営業が
できない」

×

テクノロジー

インターネット
を経由した
保険販売の
拡大

＝

イノベーション

新しい販路の
確保

フェンシング協会の例

フェンシングの「価値」
「感動」
を生み出す要素の課題

「無観客試合」
「感動を見る人に
伝えられない」

×

テクノロジー

映像技術を
フル活用
オンライン映像表現
に特化した
競技会をデザイン

＝

イノベーション

これまでは
競技会場では
見ることが
できなかった
映像表現の提供

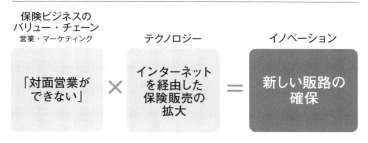

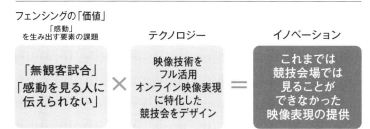

スポーツ競技団体に求められる「ガバナンス」の機能

「ガバナンス」と言うと、一般の企業であれば「コンプライアンス」に近い課題として受け止められることが多いのではないだろうか。

だが、スポーツ競技団体では大きく異なる。

一般企業であれば当たり前の、組織として基礎的な「ガバナンス」機能も十分ではないという実態があった。一定の規模を有する企業であれば当然備えている「組織規程」もなく、「組織」としての十分な形があるかどうかもあやしかった。

公益法人の形態を有する多くのスポーツ競技団体がそうであるように、公益社団法人としての認定を受けた日本フェンシング協会も、会長を含め、理事は全員無給だということに加えて、協会理事は2年ごとに改選されてしまう。

むしろ、法人としての協会の機能を安定的に担うのは、有給で雇用されている事務局長と事務局員で構成される事務局なのだが、事務局は経営責任を取ることはできない。

このような不安定な制度的デザインをもつスポーツ競技団体のガバナンス機能は、どのように考えれば良いのだろうか。

組織としての基礎的なガバナンス機能も考え合わせて、私は財政ガバナンス、業務執行ガバナンス、法務・コンプライアンスガバナンスの3点を整理して注視してはどうかと仮説を立てた。

太田体制のなか、フェンシング協会が恵まれていたのは、井口加奈子理事や濱口文歌監事など、弁護士資格を有する方が役員として協会内にいたことだ。

井口理事は、2013年の不適切経理問題への対応として、翌2014年、私と同じタイミングで外部理事として役員になった。

そして、ほかの弁護士の方々も巻き込んで法務委員会を立ち上げるなど、フェンシング協会の法務的基礎を築いてくれたのである。

また、井口理事はスポーツ庁が主導する「ガバナンスコード」の策定にあたったメンバーの1人でもある。

あらためて振り返ってみると、法務の専門家が協会内部にいるということのメリットは非常に大きかったと私は感じている。

現在、スポーツ庁が旗振り役となり、スポーツ競技団体に対して「ガバナンスコード」を導入する動きが本格化している。

スポーツ競技団体のガバナンスの強化という観点から見れば、非常に望ましい動きではあるが、規定類の整備など形式だけを整える動きが強まることも懸念している。

フェンシング協会も同様で、法務委員会を中心にさまざまな規定類の整備に努めてきたが、規定類は実情に合わせて追加、変更などのメインテナンスを恒常的に行わないと「生きた規定」にはならないことも痛感していた。

そのため、内部に法務の専門家を有していることは極めて有益だった。合わせて強調したいのが、リスク対応における法務機能の重要性だ。

残念ながら、スポーツ競技団体ではコンプライアンス事象にとどまらず、多種多様で緊急な対応を要するリスク案件が結構な数で発生するのが現状だ。

このような対応時に、「法務、コンプライアンス」の観点から冷静なアドバイスを即座に得られるだけでも貴重だが、ときには、事案の関係者から聴取を行い、メモを作成するなど対応が求められるケースもある。

このようなときも、法務的知識に裏付けられた手続きが行われることには多くのメリットがある。

もちろん、現実的には規模が小さいスポーツ競技団体が法務的機能を十全にもつことが難しいことは承知している。

財務的に厳しい競技団体に対しては、上部統括団体など、行政からのサポートの方策を検討してはどうであろうか。それだけのメリットは間違いなくあるはずだ。

これまでの行政の支援は「選手強化」に目がいきがちであったが、ガバナンスコードの制定など「基盤整備」に行政のベクトルが向いている状況でもあり、「仕組み」そのものに目を向けることは合理性を有すると思われる。

また、形式要件ではなくきちんと機能する基盤整備をサポートすることは、スポーツ競技団体の問題発生を未然に防ぐ効果も期待できる。よって、結果的には資金の効率性は高いといえるのではないだろうか。

公益法人特有の財務問題

公益法人として、大きな財務上の課題に直面したのは、専務理事になってしばらく経ってからだった。

太田体制の初期対応も少しずつ落ち着いてきた2018年11月、内閣府公益認定等委員会に状況報告におうかがいしたところ、思いがけない指摘を受けた。

「フェンシング協会の会計状況に関して、問題点を指摘しましたが、いまだ十分に対応されていません」

公益法人として公益目的事業における剰余金（会計上の内部留保）が、累積した形となっていることに対する指摘だった。

窓口となっていた部門の公益法人の財務会計に関する理解が十分ではなく、理事会への情報伝達も停滞していたらしい。

まず、問題の所在とインパクトの大きさだけは特定しておきたいと思い、財務データや過去の経緯を分析すると、会計技術的な問題も多く、専務理事の自分だけで対応するのは難しいことがわかった。

この事態を受け、年度の途中ではあったが、組織体制の根本的変更に先駆けて、財務関連については組織的手当てを急ぐことにした。

２０１９年１月に理事会で問題点を整理して説明を行うとともに、その理事会で専門家を交えた財務戦略委員会を新たに立ち上げることについても承認を得た。

なぜ、早急に委員会を立ち上げる必要があったのか。

内閣府や顧問会計事務所との連携を強化するとともに、専門家の力を借りて、公益法人会計の理解深化、協会の財務・会計上の課題解決を推進するためだ。

坂俊甫理事を委員長とし、委員会委員として吉田智彦氏（笹川スポーツ財団主任研究員）と菊池陽氏（公認会計士）、私も委員として加わって、この課題に取り組むこととした。

吉田氏、菊池氏はともに、三井物産に所属する坂理事の友人であるが、吉田氏は公益法人会計に広汎な知識を有し、菊池氏は公認会計士であるとともにフェンシング関係者でもある。このような知己を得て、厄介な問題を専門家の立場から丁寧に解きほぐしていただいたことには、本当に感謝の言葉しかない。

同委員会を立ち上げてからは、公益認定等委員会の協力を得て、協会の会計に関する規定整備などを含め、正常化に向けて対応した。

合わせて、協会としての財務的な能力の向上が本質的な課題であることから、事務局体制の強化や会計事務所の変更などの対応を行なった。

この結果、協会の会計処理の精度は著しく向上した。

また、同委員会は、強化された事務局と協力し、寄付金に関する規程の整備など、財務の専門的知識を生かし、継続的に協会運営に貢献してくれた。

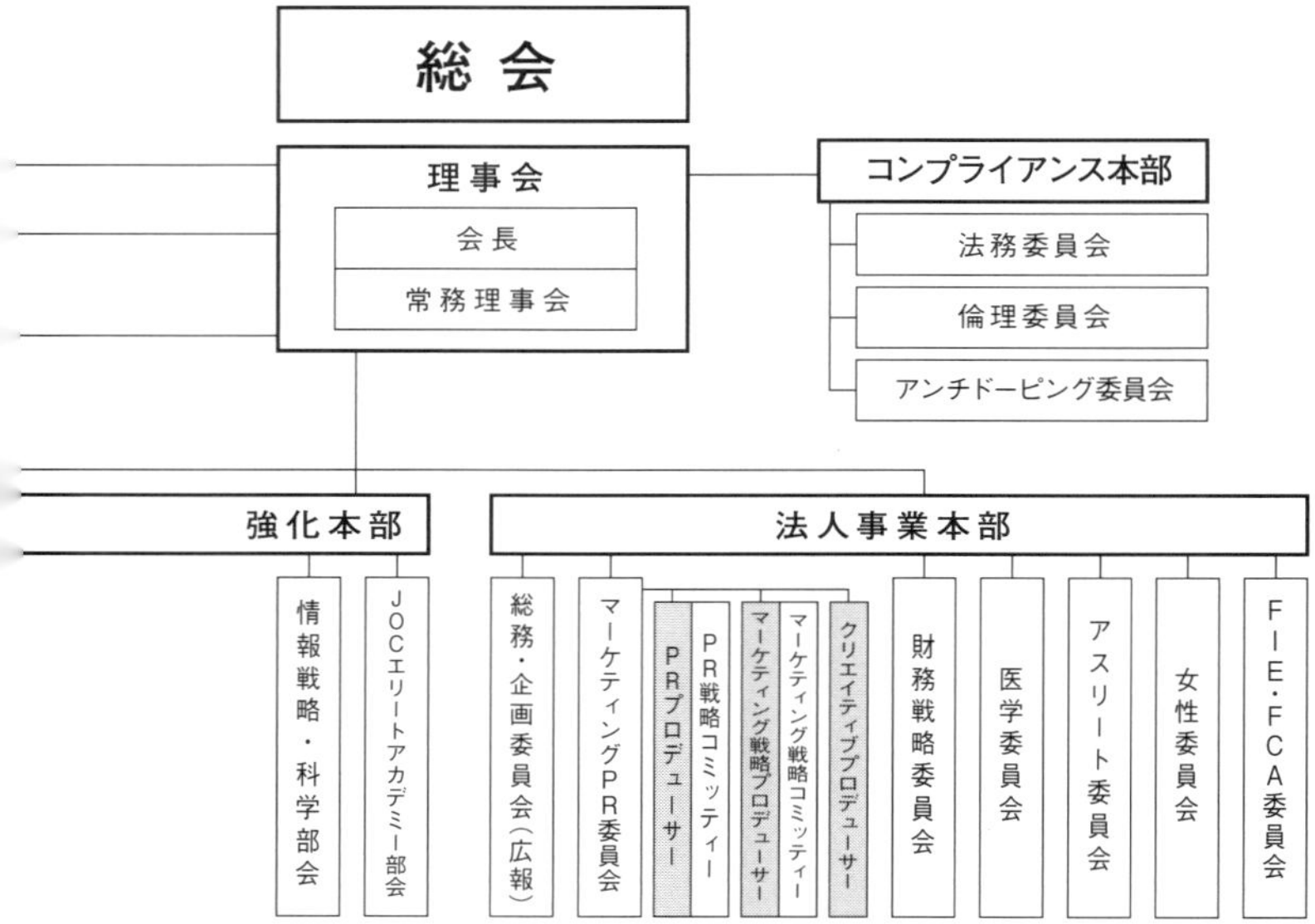

業務執行ガバナンスと財政ガバナンス

かつては業務執行についても、明確に組織化が行われておらず、漠然としたガバナンスが行われていたという印象があった。

たしかに、2013年の不適切経理問題直後には、行政の指導もあり、あらゆる決定を理事会に上げて共有化することに重きを置く必要があったとも考えられるが、業務が拡大した現状では非効率的であるとともに、業務を細かく見ることができないというマイナス面が目立ってきた。

個別の業務に精通した理事を養成することも難しい。

図16　協会内組織の「構造化」

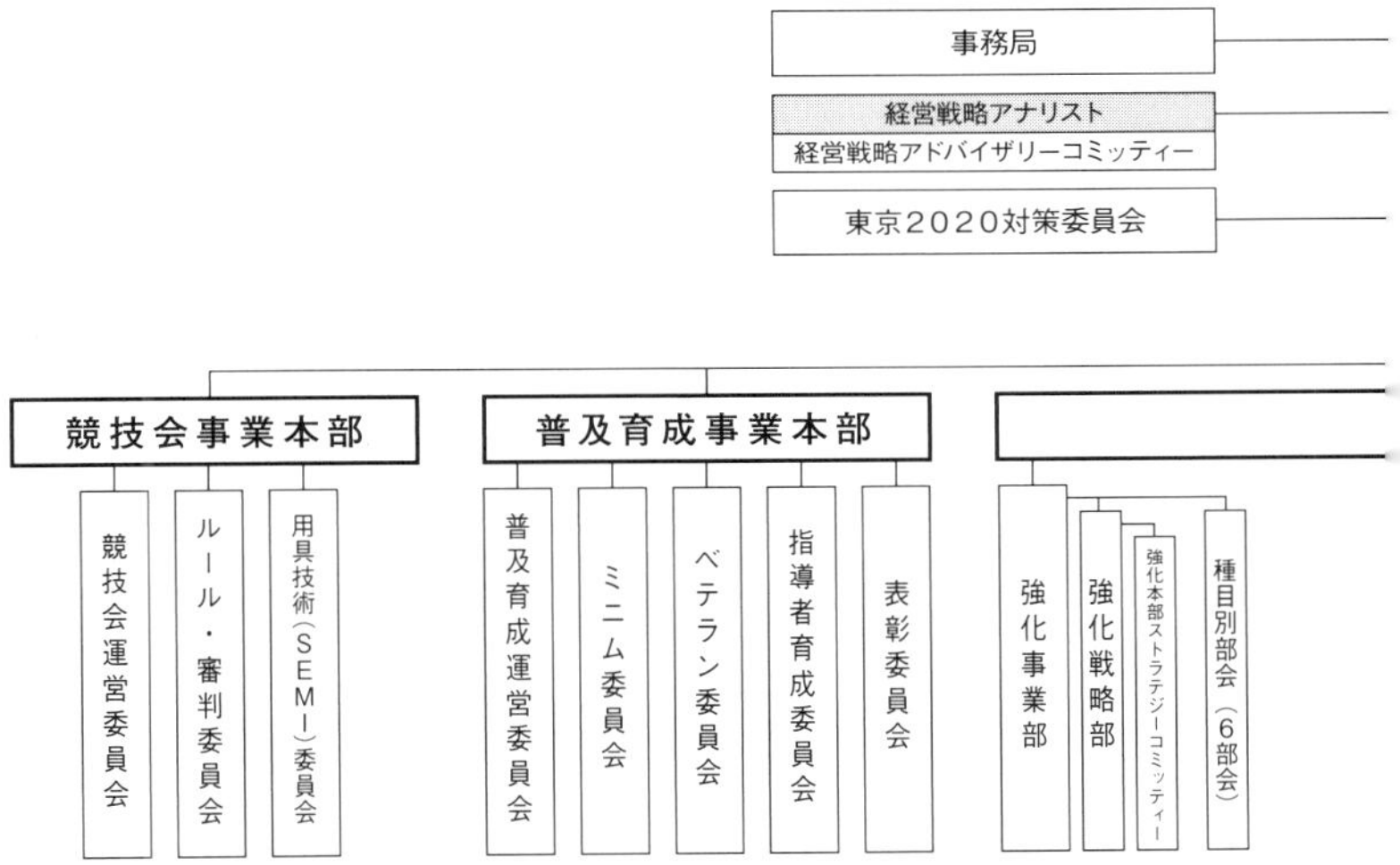

（出典：公益社団法人　日本フェンシング協会ホームページ）

やはり、業務を事業別に切り分けて、可能な限り意思決定と業務執行ができる体制にしておく必要があった。

また、前述した財政の「自律性（財務的コントロール）」の観点からも、体制変更は必須だった。

フェンシング協会では、①競技会開催、②発掘・育成、③選手強化、これらの3つを公益目的事業として行っており、各事業別に会計上の区分が行われている。

3つの公益目的事業別に業務計画を立て、予算立案と執行管理が行われるという当たり前の組織体制への整備が、協会を運営するための財政ガバナンスの観点からも強く望まれた。

東京2020後には、財政上の制約から大

図 17　スポーツ競技団体のガバナンスの視点

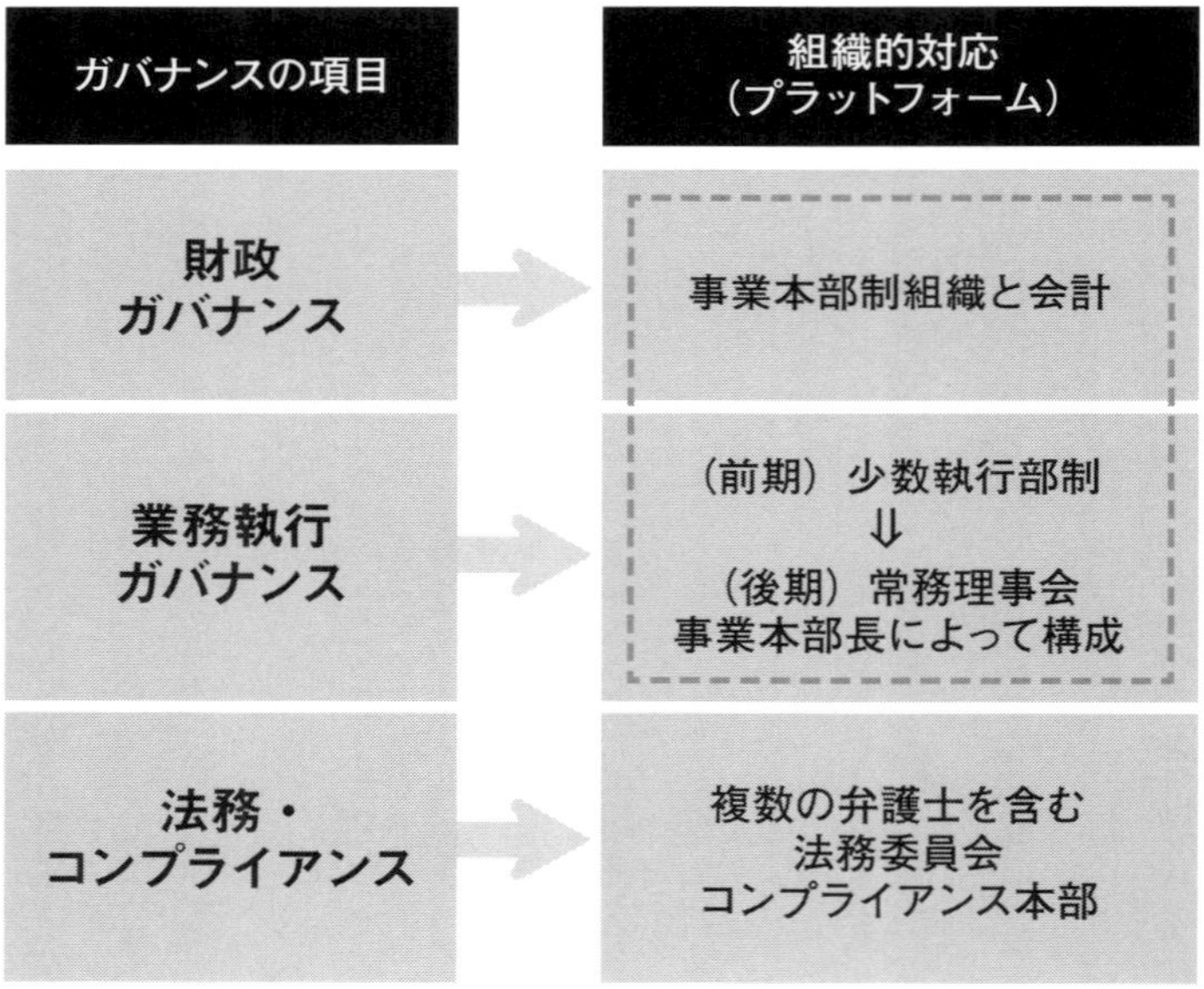

きな縛りを受けることになるのは早晩避けられない。そうなれば当然、「どの事業を縮小するか。あるいは、止めるか」という判断を求められる。

東京2020前の「右肩上がり」の財政拡大では求められなかった判断であるが、この判断を行うためには、各事業において、何をやり、何を止めるのか、個別の事業内容に「優先順位」をつける必要がある。

そして、それができる各事業部門別の専門家を、養成しておかなければならない。その意味では、「財政ガバナンス」と「業務執行ガバナンス」は表裏一体の関係にあった。

太田体制2期目の2019年度から、新しい組織体制に移行した。

協会の事業を、法人としての事業と3つの公益目的事業に整理し、それぞれの事業本部長を常務理事とする。これによって、常務理事会において機動的かつ包括的な意思決定が可能となる。

また、各事業本部長には、各事業本部の情報が集約される。このポジションは協会全体の経営を見る人材を養成するための重要なステップとも言うべき役割があるとともに、時間をかけて各事業本部長への権限移譲も進むはずだ。

スポーツ競技団体のリスク対応

あらゆる経営判断は、ある意味リスクへの対応でもある。

実際に、私が対峙したいくつかの「リスク事象」を例に、それぞれどのように対応し、どのような反省を残したのかを振り返りたい。

事例① コーチによる暴力的行為への対応

２０１９年３月22日、アルゼンチン・ブエノスアイレス市で開催されていたワールドカップ大会個人戦の会場において、現地時間同日午後６時頃、日本チームの試合を付近の観客席から観戦していたＢコーチは代表選手であるＡ選手に対し、暴力的な行為に及んだ。

状況を振り返ると、同点で迎えた最終の一本勝負。もっとも緊迫した場面で、Ａ選手と対戦相手が同時に突く。そこで対戦相手側の得点ランプのみが点灯したため、審判員が対戦相手の勝利を告げ、Ａ選手は対戦相手と握手をした。それを見て、観客席から罵声を浴びせながらＡ選手の元に駆けつけ、激怒したのがＢコーチだった。

Ｂコーチは一本勝負の際、Ａ選手の剣が折れたことに気づいた。そのため、Ａ選手がその場で相手に得点ランプがつく前に「自分の剣が折れている！」とアピールして抗議をすれば、一本勝負を再戦する可能性があると考えた。

だが、実際には、A選手は審判員に剣が折れていることをアピールをせず、試合終了を意味する握手をしてしまったことに激怒したのだ。

そもそもフェンシングは剣を使う競技であるため、道具が故障したり、機能しなかったりすれば試合は成立しない。

つまり、A選手は自分の剣が折れていることをアピールすれば、相手の得点が認められない可能性があるということを理解しているにもかかわらず、行わなかった。

そのことにBコーチは腹を立てた。なぜなら、この試合は東京オリンピックへの出場権をかけた選考期間入り直前の試合でもあったため、Bコーチは A選手の勝利への執念がないことに我慢がならなかったという事情もあった。

ブエノスアイレスは日本から見れば地球の反対側。強化現場の責任者である福田佑輔強化本部長から報告を受けたのは、日本時間3月23日の早朝だった。福田強化本部長は大会には同行しておらず、現地に帯同するアシスタントコーチからの急報を受けての報告だった。

もちろん、第一報を受けた段階では事件の詳細は伝わってこない。だが、暴力行為という事態の重要性を考え、その場でBコーチの試合会場への帯同を禁じ、宿舎で謹慎するように指示を出した。

本来であれば、懲罰処分には事実確認や倫理委員会、法務委員会の対応、会長判断などの段取りがある。だが、それらを待たずに暫定的措置を行った。

法務委員会は倫理委員会からの委託を受け、Bコーチの帰国を待って3月29日に事情聴取を行い、翌日、暫定案であるとの留保付きで太田会長に報告書を提出した。最終的には、4月4日に会長による処分が確定し、その内容を協会のホームページに公表した。

処分内容は以下のとおりだ。

「当協会としては、Bコーチの本件行為は、当然、厳しく罰せられるものと考えるが、二〇〇九年に当協会のコーチに就任して初めての暴力行為であったこと。A選手が勝てるチャンスを逃したことに激怒した結果手が出たのであり計画性はなかったこと。本人も反省しA選手との関係修復に努めていること。A選手に実質的な被害がなかったこと。A選手もBコーチが怒ったことについて理解しており、謝罪を受け入れていることを考慮し、BコーチをB活動停止一ケ月、国内外の試合への帯同禁止六ケ月とする。なお、処分開始時期は暫定的処分が開始された二〇一九年三月二三日とする」

まず、リスク事象が発生した場合に重要なのは、ただちにトップへ情報が伝わることだ。協会経営において、「悪い話（リスク事象）はただちに伝えてほしい」とお願いしていた。

もちろん、「経営」という観点から見て重要なことでもあるのだが、実はこの方針には父からの教えが関係している。

私事で恐縮だが、父、磊介《らいすけ》は警察官僚として警備畑を中心に、岡山や静岡の県警本部長を歴任した後、皇宮警察本部長を務め、その後は中曽根内閣当時に新設された初代の内閣広報官を務めた。

まさに、緊急事態やリスク管理の専門家であり、何かのときに「リスク管理のポイントとは何か」という話になった。そのとき、父はこう言った。

「リスク事象が発生し、連絡が取れない場合はとにかく上へ上へあげることだ」

その言葉を、自分なりの解釈として、リスク対応は迅速でなければならず、また、経営的な判断を伴うものであることから、緊急時に滞りなく適切な判断を行うためには「上へ上へ」あげる必要がある、と理解した。とくにフェンシング協会はシンプルな組織構造なので、「24時間対応するので、リスク事象はとにかく自分にすぐに知らせてほしい」ということを日頃から協会関係者にお願いしていた。

次に重要だったのが、メディア対応だ。

まず掲げたのは、対応窓口は1つにするということ。これは他団体から勉強会で教えていただいたが、メディアに対して複数の理事が勝手に発言したために大変痛い目にあったという例が少なくないということだ。日本の場合、多くの組織で問題となるのが、古参の人々が「俺は聞いていない」「返答できなかった」という苦情だが、メディア対応窓口は1つに絞る必要があり、そのためには初期段階での情報管理が必要となる。

また、経営陣が責任を負う想定問答集を用意して、それ以外の回答は行わないということも重要だ。リスク対応は経営判断そのものであることが多く、経営責任を負う者以外には回答はできず、また、不用意な発信がなされないように注意が必要だ。

そこで、原則、想定問答集は私がつくり、メディア対応も行う。紹介した事例のように、現場の状況など十分な情報を持ち得ない場合は、事象を担当する理事が対応するが、窓口を分散させるわけではない。その点が徹底されていれば、時系列的にも、また、多数の問い合わせの対応を迫られたときでもブレのない整合的な返答ができる。このようなルーティーンは外資系企業では常識だった。

さらに言うならば、こうした対応ができた背景には、フェンシング協会が法務委員長をはじめとする複数の弁護士を有する法務委員会をもち、十分に練られた懲罰規定を事前に具備していたことも大きい。

一方で反省点もある。

練ったと思った懲罰規定とプロセスではあったが、それでも改善の余地があったということ、そして、被害者であるA選手とその関係者に対し、より手厚い対応を事前に準備しておくべきであったということだ。

そして何よりも、このような事態が発生してしまったこと自体が非常に残念である。勝利を目指すことがコーチの目標であり、その悔しさは共感できるが、だからといって暴力行為を正当化することはできない。

スポーツのあり方が転換期にあるいま、コーチも深く理解する必要がある。

フェンシング協会では世界から幅広い人材をコーチとして募っており、それぞれ言語や文化的な環境も違う。コミュニケーションの改善も含め、コーチに対する教育も重要な課題として再認識される機会となった。

事例②　新型コロナ感染者の発生への対応

2020年に入ってから世界を揺るがした新型コロナウイルスの感染拡大は、現状においても現在進行形で語られるべき災厄だ。

世界中のあらゆるスポーツが大きな影響を受けた。

フェンシングももちろん例外ではない。

3月11日、WHO（世界保健機関）が新型コロナウイルスはパンデミックである、と発表したことで、世界の対応は一気に加速した。

アメリカは13日にはトランプ大統領が「国家非常事態」を宣言したが、国際フェンシング連盟の反応はそれよりも素早く、WHOのパンデミック宣言を受けた翌12日には、予定されていた試合の延期を発表していた。

そして、アメリカ・アナハイムでの男女フルーレグランプリ大会、カナダ・セントニクラスでの女子サーブルワールドカップ大会、アルゼンチン・ブエノスアイレスでの男子エペワールドカップ大会、ハンガリー・ブダペストでの男子サーブルワールドカップ大会と女子エペワールドカップ大会、これら5大会が中止となった。

未曽有の事態にやむなき決定とはいえ、全種目が東京オリンピックの出場権をかけたポイントを集計する期間の最後の試合をやり残す形となった。

東京オリンピックの出場権が確定せずに国際的な競技大会が停止してしまった、ということだ。

すでに試合に出場する予定だった選手たちは海外に出国していたが、大会中止の発表を受け、すぐに帰国して全員が自宅待機。海外のほうがコロナ感染拡大のペースが速かったこともあり、選手たちはより慎重な対応を要請され、以下の対応が義務づけられた。

①帰国後2週間の自宅待機
②国立科学スポーツセンター、ナショナルトレーニングセンターへ2週間の入館禁止
③選手は毎日コーチに体調を報告

さらに、事態が深刻化の様相を見せるなか、2020年3月24日、IOCのトーマス・バッハ会長と安倍首相の共同声明として、東京オリンピック・パラリンピックの開催延期を発表した。

強化本部は、当初、ナショナルチームの練習を3月末には再開する方向で考えていた。選手の心情、モチベーションの維持や体調管理の観点から考えれば、長期停止は望ましくない。

たとえ限定的であるにせよ、何とか練習再開の可能性を探っていたが、最終的には4月6日の練習再開の見通しを前に、フェンシング協会のアスリート委員会(選手会)から自

重を求める意見が出され、練習の再開は再び延期された。
アスリート委員会担当理事の坂俊甫氏は、自身のフェイスブックで当時の心情を語っている。抜粋すると、内容は以下のとおりだ。

「コンディショニングやモチベーションの維持に悩む選手たちのことを考え、日本協会としてはせめて最低限の場を提供しようと、厳重な行動制約と感染防止策の下での練習再開を計画していました。が、アスリート委員会（選手会）にて強化指定選手を対象にアンケートを取った結果、練習再開の延期を望む声が多く、協会強化本部に掛け合って延期を決断しました。直前の決定となり、選手達に混乱・困惑を招いてしまったこと、申し訳ない気持ちでいっぱいです。

世の中はスポーツ・五輪どころではなく、アスリートの練習なんて、という声を頂くことはごもっともと思います。一方で、当のアスリートたちは、『自分たちは環境を用意されないと輝けない』という現実を突き付けられ、過去にないほど動揺している。五輪自国開催の追い風が一転し、皆がアスリートファーストだと言って応援してくれていたのは余裕があるからであって、それがない世の中で自分たちの大好きな競技を続けていくことは難しいんだってことを、痛いほど実感している。これまで競技に真摯に向き合ってきた選手ほど、これを受け入れることは辛いこと。それにしっかりと向き合ってあげるのが僕ら協会の仕事だと思っています。

当たり前ですが、医療崩壊の危機が迫る中で現場で必死に頑張っている医療従事者がまず最優先されるべきであり、必需品の物流ロジ、経済を止めないように必死に歯を食いしばっている人達（私の三井物産での仕事も含めて……）もいる中で、スポーツはあくまで国家国民の健康や安全が確保されてからその次に考えられるべきもの。

でも、アスリートにとってはそれに気づけてはじめて、自分たちがどれだけ恵まれた環境にいたかを実感できた。協賛して下さっているスポンサーの有難みも分かったんじゃないかと思います。ここでそれが分からない選手は、たぶん引退後どういう仕事をするにせよ、Valueを出していくことが難しいのではないかと思う。うちの選手達は、それを分かっている。大きい戸惑いの中でも、選手達からそれを感じるコメントが聞けたことが、非常に嬉しかった。こんな状況下でも、前を向いて頑張って行こうと思えました。

辛いですが皆で乗り越えましょう」

日本政府は、4月7日に東京を含む7都府県に緊急事態宣言を発令した。これを受け、ナショナルトレーニングセンターを含むハイパフォーマンススポーツセンターの全施設についても、5月6日まで利用中止を発表した。

ナショナルチームが練習を再開したのは、それから1カ月以上が過ぎた6月初旬。緊急事態宣言が5月25日に全面解除となってからだった。

代表選手からコロナ感染が判明

ナショナルチームの選手たちは、新型コロナウイルスに対して、極めて慎重に、防御を最優先に考え対応してきた。

本来ならば、オリンピックに向けて選手の強化拠点であるはずのナショナルトレーニングセンターが、コロナ対応を優先したため、コロナ禍において、もっとも練習ができない環境となっていた。

フェンシングだけでなく、発熱者が出れば、関係する種目の練習はただちにストップするほどの徹底ぶりだった。

だが観点を変えれば、万が一新型コロナウイルスの陽性者が出た場合に、被害を最小にとどめるべく、細心の注意を払った対応を行いながら練習をしてきたという証でもある。

いつかまた海外遠征や国際試合がそれまでと同様に行われることを信じ、最大限の注意を払いながら練習を行ってきたが、いよいよ恐れていたことが発生した。

11月20日、選手1名に新型コロナウイルスの陽性反応が確認されたのだ。前日に発熱などの症状が確認されたことから、ＰＣＲ検査を受けたところ、翌20日に陽性が確認された。強化本部はすぐさま執行部に報告し、上部団体であるＪＳＣ（日本スポーツ振興センター）とＪＯＣにも連絡、対応を行った。私も、報告を受けてただちにＪＳＣとＪＯＣと調整を行い、協会のホームページを通じて当日20日の午後には外部にこの事実を公表した。

外部公表を急いだのは、当該陽性者選手と接触し、感染のリスクがある人へのワーニングを鳴らし、感染の拡大を防ぐためだ。

当初の外部公表の原稿には、当該選手のＮＴＣ（ナショナルトレーニングセンター）内の行動経路も記載していたが、その詳細については別の情報経路から伝達が行われることで調整され、最終的には、外部公表文書には次の旨を記載した。

「ナショナル・チーム選手の新型コロナウイルス感染確認について

平素より当協会の活動に格別のご理解とご協力を賜り、深く感謝を申し上げます。

さて、新型コロナウイルス感染症に対する強い懸念が世界的に広がり、国内外の競技大会が中止となる中、春先以降一時ナショナル・チームの練習も中止しておりました。6月初旬よりガイドラインに基づき慎重に練習を再開しましたが、選手間感染や練習場の汚染を防ぐとともに選手の健康状態の把握に努めて参りました。

この様な対応下、本日11月20日、選手1名について新型コロナウイルスの陽性反応が確認されました。同選手は11月19日に発熱等の症状が確認されたことから、同日ＰＣＲ検査を受けたところ、本日感染が確認されたものです。

尚、11月19日、同選手は発熱等の症状が確認されたことから、ＪＳＣが運営するハイパフォーマンススポーツセンター（ＨＰＳＣ）には来場せず、医療機関でＰＣＲ検査を受け自宅隔離の措置を取っております。

また、今回の同選手のコロナ陽性確認を受けて、本協会強化本部と致しまして以下の対応を致します。
・保健所の指示に従い、濃厚接触者と認められる者がいた場合にはＰＣＲ等の検査を実施する。
・当該選手が所属する種目の選手、コーチ等については、本日より一定期間練習を停止し、自宅待機とする。また、その他接触のあったスタッフについては、保健所の指導に基づき、当協会医学委員会とも相談し対応を行う。
・ＨＰＳＣ内のフェンシング関係施設については、既に消毒等の措置を実施しているが、保健所の指導に基づき、必要な消毒を再度実施する。
・これらの作業により安全が確認された後に、他種目の練習再開を予定しているが、そのスケジュールについては別途連絡する。

その他のナショナル・チームの選手・コーチ等につきましては、現状では特に異常は認められない状況ですが、本会が定めているガイドラインに基づき、これまで通り毎日の検温、利用後の消毒、行動範囲の記録を行うと共に、体調について引き続き、強化本部に毎日報告することを求めております。

これからも、ＪＳＣ、ＪＯＣ、ＪＰＣと連携の下、新型コロナウイルス被害拡大の抑止を最優先として対応に努めて参ります。感染拡大防止に向けてご理解とご協力を賜りますよう、心よりお願いを申し上げます」

北区保健所の調査を経て5名の濃厚接触者、濃厚接触ではないが感染のリスクがあると考えられる第2グループ16名が指定されたが、幸いなことに、その後のＰＣＲ検査により、全員の陰性が確認された。

その旨を同月26日に外部にも公表し、陽性確認者の種目を除く全種目が一定の手続きを経て、通常の練習環境に戻っていった。さらに、幸いにも当初の陽性が確認された選手も回復し、通常の練習に戻ることができた。

リスク管理のポイント

誰が感染してもおかしくない状況とはいえ、協会としては陽性確認者の発生は非常に恐れていた事態だった。

そして、結果的に「コロナ耐性」が試される初めての事象であったが、当該種目以外は

1週間で通常の練習環境に復帰し、良好な対応だったといえるのではないだろうか。

ポイントはいくつかあるが、もっとも大きかったのは感染者発生を前提とした練習環境をつくっていたことだ。

リスク管理の前提として重要なことは、「最悪の事態が起こることを想定しておく」という原則の遂行だ。

言うまでもなく、選手やコーチなどから感染者が出ないことが一番望ましい。

とくに日本では、「言霊信仰《ことだましんこう》」があり、口に出すことは現実となるから、悪いことは口に出してはならないといった行動様式が、さまざまな場所で見られる。実際に、とあるJOCの会議でも、あるスポーツ競技団体の代表者が、「スポーツ関係者から感染者を1人も出してはならない！」と叱咤していた。

これは非常に残念な発言だ。

そもそも、すでにその場にいたJOC関係者をはじめとして、スポーツ関係者には多くの感染者が出ていたのが現実だ。

また、日本各地で感染者が増える局面で、感染予防に最大限の注意をはらうことは大前提としても、スポーツ関係者が隔離されていない環境において、スポーツ関係者だけが感染を絶対的に防ぐなど不可能に近い。

むしろハードな練習をするアスリートは、感染症に対する抵抗力が弱いというリスクもある。感染者ゼロは「祈り」ではあるが、理想を前提にすることは現実的ではない。リスク管理的には、あってはならない前提といえるだろう。

その観点からすれば、6月から順次段階的に行われたフェンシングのナショナルチームの練習は、感染者が出ることを前提として種目別に隔離する形で行っていた。

もちろん、その反面、大きな犠牲もある。

練習時間は各種目とも毎日半日で万全ではない。ナショナルチームとしての練習量は、理想から見れば、はるかに少ない環境に置かれていたのが現実で、それすらも発熱者が出れば中止となる。

コロナ禍において、ナショナルチームの練習だけでは選手が描く理想どおりに進めることは非常に難しく、強くなることができない厳しい環境に置かれていた。

選手たちは、感染への予防線を張りながら、自分を強くするための工夫をこらし、練習に臨んできたのは紛れもない事実だ。

さらに、予行演習を行っていたことも大きい。

実は、対外公表の対応準備は初めてではなかった。今回の事例に先駆け、何例か発熱者等の事例があった。

そして、そのたびにＪＳＣやＪＯＣと連携し、対応の準備を行っていた。陽性確認者が発生した場合の連絡先をリスト化するとともに、対外公表文書については「雛形」を作成し、一種の「マニュアル化」を行っていた。

これにより、実際の対外公表プロセスはおおむね順調に進行し、速やかな公表ができた。

選手の協力は不可欠で、選手がすぐに異常を報告してくれたことも大きい。

感染リスクを感じた選手が、自らの判断で、当日、練習場に現れることなく強化本部に報告してくれた。選手からの報告を受けた強化本部は医学委員会と連携し、ただちにＰＣＲ検査を実施し、翌日には陽性が判明した。

考えられる限り最速のルートだった。この迅速な対応により、感染拡大を防ぐことができた。まさにリスク管理の要所だった。

こうした対応をうながすためにも、感染者が出ても、その該当者を責めない。これが大原則だ。

「自分は感染リスクがあります」と躊躇なく言える環境を日頃からつくっておくこと。感染者を責めるような環境であれば、報告するのではなく隠そうとするはずで、組織としての行動様式も「公表」ではなく「秘匿」を重んじていたはずだ。

そうなれば感染者は発見されず、情報も隠匿される。結果的には、感染拡大の最大のリスク要因になっていただろう。

そして、上部統括団体の協力も不可欠だった。

NTCを管理するJSCやJOCが極めて協力的で、迅速に対応指示していただいたことも大きい。それまでは、上部統括団体の広報担当者と日頃からやりとりがあるわけではなかったが、何度か「予行演習」を重ねるにつれてより懇意にしていただき、不安なく対応できた。それは、フェンシング協会という一組織ではなし得なかったことだ。

とはいえ、いくら事前に準備をしても、実際に事態が起きてみないと経験できないことは多い。

たとえば、保健所の対応については事前には経験することができず、陽性確認がされた当日、地域管轄の北区保健所に来所してもらい、「濃厚接触者」と「濃厚接触ではないが感染のリスクがある者（第2グループ）」の判定を行った。

「濃厚接触者」の検査手続きは、それぞれの地元管轄の保健所の対応となることから、そのスケジュールは各人まちまちで、現場での対応や情報のとりまとめをしてもらった青木雄介監督にはご苦労をおかけした。

このような「経験」を広くスポーツ競技団体に共有することで、「経験知」を事前に身につけることができるはずだ。

実際に経験することでしか得られないさまざまな情報やベスト・プラクティスをスポーツ競技団体間で共有することは非常に重要で、これからもぜひ協力関係を大切にしていきたいと考えている。

リスク管理「マニュアル」か「ガイドライン」か

ガバナンスコードが求める「リスク管理マニュアル」として、コーチの起こした暴力的行為に対する対応を参考に、そのプロセスを1つの根幹とする案を理事会に上程した。

ところが、そこで、

「これでは、具体的に誰がいつ、何処へ電話等で連絡するなど、細かいプロセスが記述されていないので、マニュアルではなく、ガイドラインだ」という意見が出た。

行政サイドの雛形とも平仄を合わせていたので、これで十分行政サイドが要求する「マニュアル」の水準を満たすものであるとは承知していたが、たしかに「ガイドライン」と呼ばれるのも仕方ないかもしれない。

だが、より細かい「マニュアル」を、さまざまな場合に分けてつくっていくことには強い抵抗を覚えた。

なぜならリスクには、大きく分けて2種類あると考えているからだ。

1つは「予見可能なリスク」。そして、もう1つは「予見不可能なリスク」だ。

前者は、たとえばサイコロを振り「1」の目が出る可能性だ。確率的にも予測が立ち、場合によっては保険に入ることで、そのリスクをヘッジできる。

だが、後者の場合は、たとえば新型コロナウイルスの感染拡大によって、オリンピックが延期となるなど、事前に想定することはできない。非常に多くの可能性があるリスク事象のすべてについて、いつ誰がどこへ電話せよ、といった「マニュアル」を場合分けしてつくる作業は生産的とはいえない。むしろ、さまざまな通信障害や交通障害などが併発する事態もあり得ることで、柔軟性を欠いて機能しない結果を招く可能性は高い。

経営が向き合うリスクとは

一時期、「想定外」という言葉が流行った。

たしかに、事前に予見が難しいリスク事象によって損害が生じた場合には、その責任を刑事事件として罪を問うことは困難であるかもしれない。

しかし、経営責任という観点からは、いかなる「想定外」のリスク事象についても、対応する責任がある。

「想定外でした」という逃げ口上で、経営判断から逃れることはできない。

むしろ、経営において発生する事象の多くは「想定外」なことばかりだ。

そして、リスクの現れ方は、さまざまな社会環境や制度のあり方によっても変わってくる。

判断の柔軟性を確保し、迅速、機動的に判断を行うためにも、細目に拘泥《こだわら》ず、原理原則に則り、最終的には経営の責任において判断する。

なぜ、そんなふうにこだわるのか。

本業においてリスクの扱い方を誤った、あまりにも典型的な事例を見ているからでもある。金融の世界で起きた「サブプライム・ショック」が、まさにそうだ。

本書は、金融の専門書でないので細かいことは記さないが、端的に言えば「サブプライム・ショック」は、自分の理解では、極めて短い歴史的経緯しかもたない金融商品について、その限られたデータを基にリスク計算を行ったために、どのように高度な定量分析を用いても、結果的には大きな過ちが生じたものである。

つまり、「理路整然と間違えた」のだ。

同じような間違いを起こさないためにどうすべきか。

限られたリソースを用いて効率的な経営を行うためには、大きな労力をかけて細かい手順を場合分けして記述することにエネルギーを費やすべきではない。

むしろ、それよりも緊急事態にこそ見失ってはいけないプロセスの根幹を、日頃から組織的に共有しておくべきであると私は思う。

新しいリスクは常に予測しない形で現れる。そして、それに対する判断こそ、経営が果たすべきもっとも重要な役割であると考えている。

第5章

アスリート・フューチャー・ファースト

そもそも選手の「声」を聞いていたのか

「アスリート・ファースト」ではなく「アスリート・フューチャー・ファースト」。われわれも、一般的な「アスリート・ファースト」からスタートした。

たしかにフェンシング協会は、ほかの多くの競技団体に先駆け、２０１４年にアスリート委員会（選手会）を立ち上げるなど、仕組みづくりを行ってきた。

ただし、それは２０１３年の不適切経理問題を経て、法務委員会主導で設けられた経緯があり、協会として強化事業において選手の声に耳を傾けようという動機では必ずしもなかった。

協会の仕事に携わるようになったものの、私は娘が代表選手であるため、強化事業には直接タッチしなかった。

同様に、太田氏も選手生活を終えてから間もなくして会長職に就いたこともあり、影響力が強すぎることを懸念した。そのため強化本部に関わることは遠慮がちで、原則として、福田佑輔強化本部長ひとりに強化本部の舵取りのすべてを託していたことは、大変申し訳なく、また、ありがたいことであった。

選手にまつわるさまざまなことを福田強化本部長から聞くなかで生じた疑問があった。

そもそも協会は、選手の声を直接聞いてきたのだろうかということだ。

たしかに選手の声は強化本部長に届くし、理事会にも届いてくる。しかし、それはコーチやスタッフを通した間接的なものであり、ナショナルチームの選手が練習環境や置かれた状況について、本当はどんなふうに考えているのかまではわからない。

直接聞いてみたい、と思ったが、選手たちは練習に加え海外遠征も多く、直接個々に面談をするのは現実的ではない。

それならば、選手にアンケートを取ってみてはどうだろうかと提案した。

この発想は、昔、私がアメリカのビジネススクールにいたときの経験が生かされたものだ。授業終了時に、唐突にマークシートが配られ、何かと思えば「学生が教授を評価する」ためのものだった。

日本では経験がないことなので驚いたが、たしかに合理的だ。

なぜなら、教授は学生を学業について評価するが、学生が教授や学校を評価する機会はないからだ。

もちろん、総合的な教授の評価は授業だけではなく、専門分野での研究成果や、学校への貢献など、多くの評価の物差しがあり、このマークシートもその1つに過ぎない。

だが、「授業を行う能力」という点において、そのサービスを受けている学生が教授を評価することは理にかなっているし、健康的な緊張関係が構築できるならば、教授の授業を行うスキル向上にもつながるはずだ。

さらに言えば、あらゆるビジネススクールが注目している、全米評価ランキングにも好影響を与えることができるかもしれない。

外資系企業ではさらにさまざまな仕組みがあった。

部下が上司に対し「360度評価」を実施することもあるし、「エグゼクティブコーチング」と題し、部長クラスの人間に外部の個人コーチをつけて、コミュニケーション能力などのスキルアップをうながすこともあった。

エグゼクティブコーチングは3カ月を1クールとし、私も計2クール受けたが、始めはまったく慣れなかった。

まず、自分のコミュニケーション能力について、みんなにアンケートを取って、さまざまな評価を求めるのだが、正直に言えば、初めはコミュニケーションという漠然としたものを定量的に評価できるのか疑問だった。

だが、自分のコミュニケーション能力に点数を付けてくださいとお願いをして定期的にコメントをもらい、コーチングが終わった3カ月後にももう一度同じアンケートを取って、コーチングを受けた結果としての向上度を測定すると、その変化は観測可能なことがわかり、とても驚いた。

評価点数の「水準」そのものの意味を解釈するのは難しいが、ある程度期間をおいて同じ対象者のグループから評価を得ることで、その間に生じた「変化」の程度を認識することは十分にできた。

この仕組みを、フェンシング協会でも生かしてみたらどうだろうか。

そう考え、福田強化本部長に、面談が難しいのであれば一種の実験的試みとして、選手にアンケートを取るのはどうだろうかとアイデアを伝えた。福田強化本部長も賛成して、内容は彼自身が作成。回収した回答書は、福田強化本部長と分析者である私以外、協会内にも開示しないことを約束して実施された。

浮かび上がったアスリートの実像

アンケート結果から、実に意外なことがわかった。

「トップアスリート」というと、自信に満ちて、体力、気力も十分で、冷静な知力も有し、そして性格は豪放磊落《らいらく》、練習方法の改善提案も積極的で常に前向き。たいていはそんなイメージを抱くのではないだろうか。

私も専務理事になる以前は、漠然とそう考えていた。

だが、そうした「絵に描いたような」アスリートもいることは否定しないが、むしろ実際は、繊細で内向的、自分から意見を言う習慣がなく、コーチから自分がどう見られているかが気になって仕方がない、そのような選手が少なからずいることがわかった。

最近は、アスリートのメンタルヘルスも話題となり始めている。

テニスの大坂なおみ選手が精神的な不調から東京オリンピック直前の全仏オープンを欠場し、大きなニュースとなった。そのことにより、トップアスリートの精神的負担やそれが引き起こす障害について一般的に知られるようになった。

その不調は何から始まるかは人それぞれであり、注意しなければいけないのは、肉体的な外傷、障害が心理的な問題に発展してしまうケースが多いということだった。

多くのスポーツがそうであるように、フェンシング競技においても、幼少期から競技に特化する形で「エリート教育」を受けてきた選手は多い。

数々の大会で結果を残し、代表選手としても活躍する。そんな選手たちが、ある日突然、ケガや病気で競技が十分にできない期間が長期化する、あるいは、競技結果が不良となる期間が長びくことがある。

するとどうなるか。選手の年齢が若く、学生生活も競技が中心という場合には、見えている「社会」は「競技」のみになってしまう。このような選手にとって、競技の先行きが閉ざされたと感じることは、人生そのものに対する懸念や失望に直結するリスクがある。

結果として、不安に耐えられず、さまざまな心理的障害に陥るケースが多いことがわかった。

「勝利至上主義」は「敗者」を大量生産するシステム

選手のアンケートから、このような光景が見えてくることに驚きながら、あらためて「勝利至上主義」が引き起こす問題の大きさに気づかされた。

オリンピックを含め、あらゆるトーナメント型の競技会は、そもそも、ひとりの「勝者」とともに、大量の「敗者」を生産するシステムだ。勝つことに重きが置かれるのはわかるが、同時に、多くの弊害も引き起こす。

たとえば、競技会のトーナメントのことを、フェンシングの公用語であるフランス語では「エリミナシオン・ディレクト」と呼ぶが、これは英語では"single elimination tournament"であり、エリミナシオン（英語でエリミネイション）とは日本語では「消去」という意味だ。つまり、トーナメントとは、負けた選手は直ちに消えていく仕組みだということだ。

トーナメントを行えば1試合ごとに1人の「敗者」が生まれ、トーナメントから消えていく。つまり、1人の「勝者」を決めるために、16人が戦うならば、勝者は1名で残りの15名は敗者として消去されるのだ。

しかし、その勝ち残った「勝者」も次のトーナメントで同じように「勝者」となる保証はなく、むしろ、いずれ時がくればその「勝者」もまた、競技場から立ち去らなければならない日がくる。

極論ではなく、トーナメント戦を繰り返す以上、「勝利至上主義」に立てば、最後にはアスリート全員が「敗者」になるのだ。

こう考えたときに、「勝者」のみをたたえるようなことがあってはならないと強く思うようになった。

勝者、敗者と区分するのではなく、アスリートの誰もが賞賛されるべきだ。

なぜなら、トップアスリートと呼ばれる選手たちは、自ら選んだ道とはいえ、多くのものを犠牲にしてそこにいるのだから。

「好きでやっているのだろう」と突き放す人もいるかもしれないが、私は、トップアスリートの誰もが幸せになってほしい。輝く人生を切り開いていってほしいと願う。

このような高い目標に対して、協会は何ができるのだろうか。

競技団体やコーチの落とし穴

競技団体にいると、ときに感覚が麻痺してしまうことがある。

なぜなら、競技団体やコーチの目標が、選手個人個人の目標と乖離することが構造的に起こりやすいからだ。

たとえば、東京２０２０はまさにそうだった。

男子エペ団体が日本フェンシング史上初の金メダルを獲得し、私も多くの方に声をかけていただいた。

「フェンシング良かったですね。金メダルが取れて！」

そう言っていただくことはありがたかった。そして、たしかにそれは本当に素晴らしいことでもある。

だが、これで日本のフェンシングにとってすべてが良かったか、といえば残念ながらそうではない。

ナショナルチームの選手たち個人個人の視点に立てば、出場できなかった選手、また、出場できても悔しい気持ちでいる者が多くいるはずだ。

そして、トップアスリートとしてのポテンシャルに恵まれながらも、ケガやさまざまな事情から戦列を離れなければならなかった選手も数多くいるだろう。

競技団体やコーチからしてみれば、その競技から、あるいは、その種目からひとりでもメダリストが生まれれば「成功」とみなされるかもしれない。本人たちにも、そう考える人もいるかもしれない。

だが、もしも、多くの問題を起こしても、ひとりの勝者を生み出すことで、スポーツ競技団体やコーチが「成功」とみなされるのであれば、自らの「成功」を手にするために競技団体やコーチは多くのリスクを生む戦略を採用するのではないだろうか。

たとえば、過負荷をかけて多くの選手を故障させても、それを犠牲として生き残った選手が「成功」をもたらせば良いのだというふうに考えていく可能性は否定できない。

それは違うと私は考える。

アスリートの誰もが幸せになってほしいし、少なくとも、そうあるように協会は努力をすべきだ。その願いこそが「アスリート・フューチャー・ファースト」の概念だった。

アスリートの未来に対して何ができるのか

具体的に何をすべきか。

すべてのアスリートが肉体的にも精神的にも健康であり、幸せな選手生活、社会生活を過ごしていけるようにするために、スポーツ競技団体は何ができるのか。

これは非常に大きな課題であり、時間をかけて進んで行かなければならない。

具体的には、まず医学的なアプローチとして、協会の方針を明確にした。

福田強化本部長と土肥美智子医学委員会委員長に協議をしてもらい、医学委員会の方針として、これまでの肉体的ケアのみならず、心理的ケアの「両輪」から選手サポートを行うことを明文化した。

すでに2018年度が進行していたことから、ただちに大きな予算措置を取ることは難しかったが、この組織目標の明文化によって、協会医学委員会のDNAのなかに心理的ケアの重要性が刻印された。

医学委員会の具体的アクションの初動として、2019年4月に、同委員会委員の水谷有里氏による「障害予防プロジェクト」の調査アンケートとともに、同じく委員でありスポーツ心理を研究する鈴木敦氏による「競技や日常生活に関する心理アンケート」を用いた分析調査を実施した。以後、鈴木氏には、アスリートに対する心理的ケアの専門家として、選手のケアに当たっていただくようになった。

これはいわば端緒であり、時間をかけながら、協会の選手ケアの体制を心理面においても整えていく必要がある。

次に、大きな方針として、選手たちの「社会性」の強化を協会の課題として位置付けた。若い頃から純粋培養された選手が、競技以外の社会的な視野が開かれていないことが大きな理由となり、肉体的なケガに泣かされたことをきっかけに、心理的にも深手を負うケースは少なくない。

これはフェンシングに限らず、あらゆるスポーツ競技において、幼年期から競技を続けてきた若い選手に起こり得る問題のひとつであるはずだ。

まず、孤立した環境をつくらないように、根本的には「社会のなかのスポーツ」であり、「社会のなかのアスリート」であるという視点を早いうちから理解してもらう必要がある。

長い一生が競技生活にとどまらないこと、スポーツが目の前の試合やその結果だけの閉ざされた世界ではなく、あくまでも社会との関係性において成立していることを認識する。

図18　世界TOP32選手（全6種目）の2021年の年齢分布

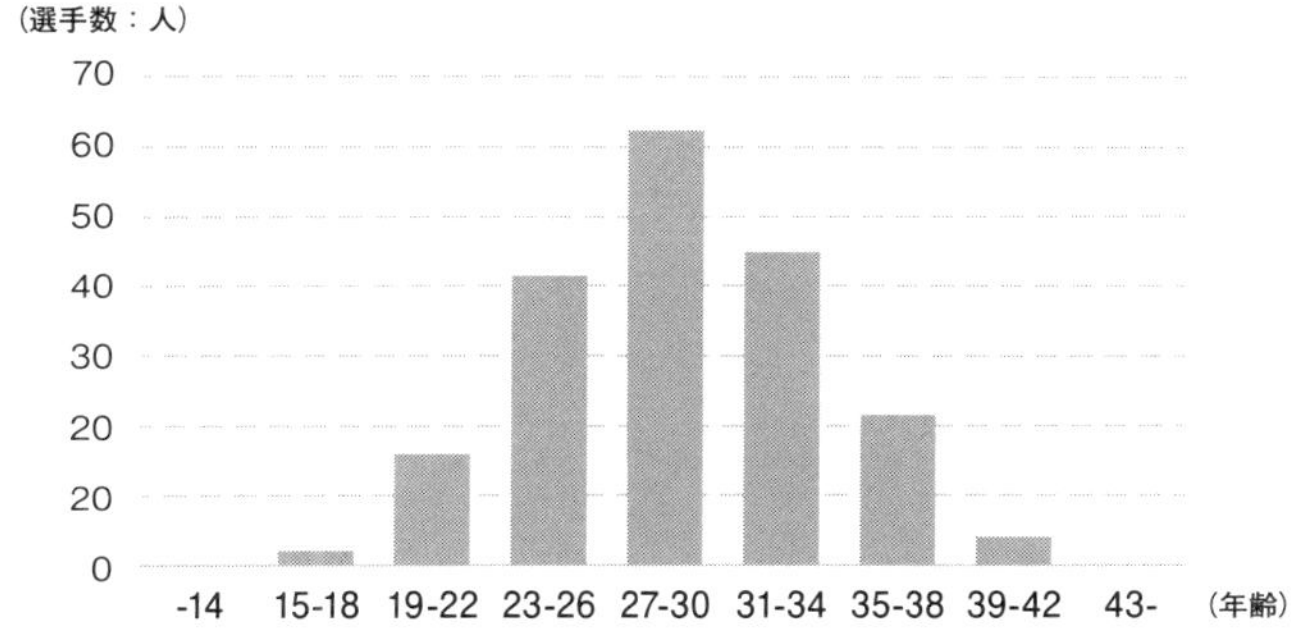

（注）全種目について2021年フェンシング・シーズン終了時点のFIE（国際フェンシング連盟）の世界ランキングに基づく
（出所：FIE資料からスポーツ・アナリスト千葉洋平氏作成）

そして、そのためにも社会に対する関心をもつことが重要であり、スポーツの外側にある社会とのコミュニケーションを適切に行う能力を身につける必要がある。

とはいえ、競技の現場、トップアスリートを取り巻く場所では、いまだ根強く「スポーツ選手は競技で結果だけ出せばいい」「社会性の獲得は競技生活が終わってからでいい」といった声を聞くこともある。

だが、その考え方に、私は少なくとも2つの観点から反論したい。

まず1つ目に、「それでは遅い」ということだ。

上のグラフは、東京２０２０終了時点のフェンシング全6種目のトップ32（合計１９２名）の年齢の分布図で、27歳から30歳にピークがある。

さらに、40歳程度まで、世界のトップ・レベルで活躍することが可能だということがわかる。もっとも選手年齢が高いとされるエペでは、２０１５年の世界選手権に

図19　世界TOP32選手（全6種目）の平均年齢の推移

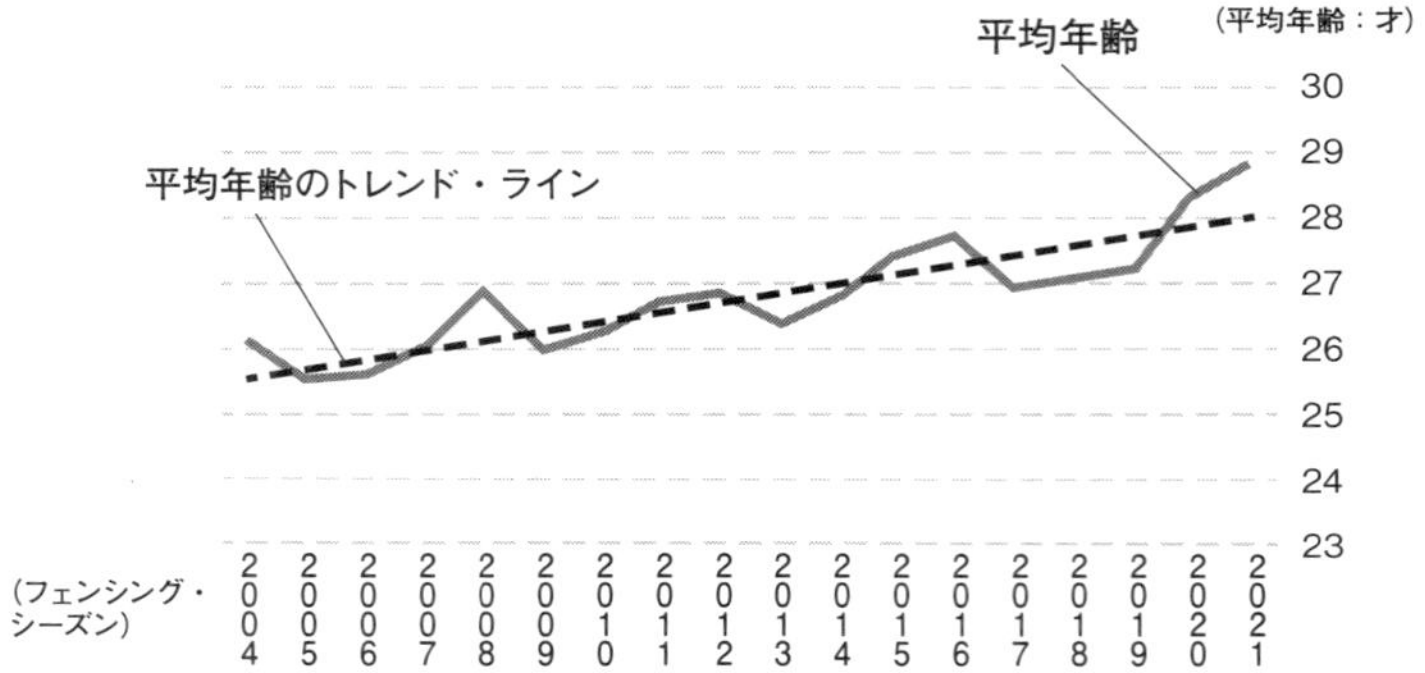

（注）全種目について各年のフェンシング・シーズン終了時点のFIE（国際フェンシング連盟）の世界ランキングに基づく
（出所：FIE資料からスポーツ・アナリスト千葉洋平氏作成）

おいて、男子エペのイムレ選手（ハンガリー）が40歳で優勝した例がある。

フェンシング競技では、30歳前後で年齢的ピークを迎え、種目によっては40歳程度まで世界一をねらうことが可能であると考えれば、「競技をやめてから、社会人としての常識や技能を身につける」では、手遅れ極まりない。

むしろ、アスリートとしてピークまで追求することを求めるのであれば、「良き社会人でなければ、選手生活をまっとうできない」といっても過言ではない。

さらに、近年はスポーツ医科学の発展にともない、競技者としてのピーク年齢は「高年齢化」「長期化」する動きが広く観測されている。

つまり、フェンシングにとどまらず、スポーツ選手が競技を続けるためには「良き社会人であること」が求められるケースが多かれ少なかれ増えてくることが予想される。

また、海外では、将来的なキャリアパスを準備することによって得られる「心理的安全性」が競技力の向上につながるという研究事例も報告されている。

トップアスリートは結果だけを出せばいいというのではなく、競技技術の向上にとどまらない、アスリートを広範にサポートする体制が望まれるのではないだろうか。

社会が求めるトップアスリートの役割の変化

近年、世界の流れとして、スポーツを社会から切り離されたものと見るのではなく、むしろ、トップアスリートには社会を牽引する役割を期待する方向に変わってきているのではないだろうか。

代表例は、テニスの大坂なおみ選手だ。世界各国でスポーツを通じた社会貢献活動に取り組んでいる団体であるローレウスが、2021年5月6日に開催した世界スポーツ賞の授賞式において、大坂選手が年間最優秀女子選手賞を受賞した。

彼女は2020年の全米オープンと2021年の全豪オープンで優勝するなど、競技者としての活躍はもちろんだが、優勝した全米オープンでは、毎試合、全米各所での差別にまつわる暴動事件で被害者となった黒人の名前入りの黒いマスクを着用し、黒人差別に反対するＢＬＭ運動への賛意を強く表明したことが注目されていた。

そして受賞に際し、このようなコメントが報道された。

「私は自分に自信がなくて、周囲からどう思われているか心配になり、行動に移すのを何度もためらいました。でも、その機会があるなら、行動することがとても大切だと思いました。もっと影響力のある、良い人間でありたいと思っています」

全米におけるコート上での抗議活動については、日本での評価は分かれていた。日本での伝統的な考え方としては、スポーツ選手は、スポーツに専念してスポーツにおいて良い結果を出すことだけが求められるからだろう。

だが、海外では勇気ある行動として賞賛の声が相次ぎ、ナイキ社などスポンサー企業の幾つかは、明確に大坂選手を支援する姿勢を示した。ＢＬＭ運動は、政治運動ではなく、人権運動であることも重要なポイントであったはずだ。

このような社会的な流れはたいていの場合、海外が先行し、結局、日本は後追いとなる。もはや、世界的なトップアスリートであれば、社会から隔離された世界で競技のみに専念するだけでは、少なくとも世界的な共感は得られない。

２０２1年に行われた東京オリンピックでも、大きな変化が見られた。

ＩＯＣは方針を変え、人種差別に抗議する、片膝を立てる行為などを事実上容認した。

そして、競技初日の7月21日以降、サッカーでは女子のイギリス代表や日本代表選手らが試合前のピッチ上で、膝を立てる行為を実際に行っていることが多く報道された。

コロナ禍で実施された東京オリンピック・パラリンピック大会は、「スポーツと社会」の関係について、あらためて日本の国民にその意味を問いかける形となった。

私自身もスポーツ競技団体に携わった立場から、選手や競技団体が大会実施を強く望む気持ちは理解できる。

だが、一部のスポーツ関係者が行う、あたかもスポーツが絶対的な価値を有し、不可侵であるかのような発言には大きな違和感を覚えた。それは個人の思いではあっても、社会一般に求めるには無理があるからだ。

今後、日本選手たちが、他国で開催されるオリンピックでメダルを獲り、たとえば、海外の記者からスポーツと社会の関係性について問われたとき、どれだけの数の選手が、整理され成熟した答えを、英語あるいは大会開催地の母国語で返すことができるだろうか。

これは高く遠い目標ではあるが、日頃から、トップアスリートを目指す選手たちに「社会性」を身に着けるための機会を提供することに努めるとともに、それに向かって努力する選手たちをサポートする責任が、競技団体にはあるのではないかと考えている。

アスリートが社会性を獲得するために

アスリートと社会性。これらを結びつけるべく、フェンシング協会は、外部との協力と独自のアクションの2通りで対応した。

外部との協力例として挙げられるのが、就職支援事業の連携だった。

その1つがJOCが行う「アスナビ」という、企業とアスリートをマッチングさせる就職支援事業だ。

私もJOCから講演依頼を受け、お手伝いした際、アスリートを採用している企業の担当者とも話をする機会に恵まれた。

アスリートの採用を考える企業サイドの動機づけなど、さまざまなことをうかがうことができて、とても有益だった。

アスリートが、単に給与水準だけでなく、幅広い雇用条件や、なぜアスリートを採用したいのかという理由を事前に理解していることは、とても重要であると感じた。

また、スポーツ庁の事業として「スポーツキャリアサポート支援事業」（スポーツキャリアサポートコンソーシアム）が行われている。

こちらは、スポーツをしながらキャリアの構築を行う「デュアルキャリア」を掲げ、アスリートを対象とするアスリートキャリアコーディネーター（ＡＣＣ）の普及を図るなど、新しい視点からのアスリート支援活動を行っている。

この事業についても、メンバーの一員として協力を続けているのだが、協会独自のアクションとしては、ナショナルチームの選手を対象とした英語力の向上を目指す一連のサポート事業を行ってきた。

なかでも目玉となっていたのが、ベネッセコーポレーション社の協力を得て実施したＧＴＥＣだ。

とくに太田氏の熱意は強く、このテストで英語力が一定に達していない選手は「フェンシングがどんなに強くても海外の試合には連れていかない」と、選手たちの前で公言したほどだった。

もっともこれは、極端に高い水準の英語力を求めるものではなく、ベネッセからはＧＴＥＣのテスト実施にとどまらず、ウェブを通じたネイティブスピーカーによる英会話の対面指導のサポートを受けていた。

英語力の向上は、海外から招聘したコーチとの日頃の練習でのコミュニケーションに加えて、試合中に審判への抗議は英語で行う必要があるなど、競技力の向上に直結する部分がある。

また、解釈が難しいルール適用の確認を求めるケースなど、英語によるコミュニケーションが円滑であることが、重要な試合で役立つ場面が出てくると理解していたからこそ、取り組んだ事業でもあった。

話題性にとどまらず、GTECを実施し、英語力を海外競技会への選手派遣の要件として示したことは、協会が「アスリート・フューチャー・ファースト」を志向する象徴的な意味合いがあったと考えている。

そしてもう1つ、協会の対応として実施した面白いプランをご紹介したい。

それは、選手が「自分をマーケティングするプロジェクト」だ。

ナショナルチームの選手たちに、「自分でスポンサーを見つけてきて欲しい」という課題を提供したのである。

フェンシングのユニフォームには、規定に従ってスポンサーのロゴを付けることができる。その規定はよく変わるのだが、貼って良い場所や面積などが決まっていて、通常、ナショナルチームの選手たちは、協会を年間で応援してもらうスポンサーのロゴを付けて海外の競技会に参加している。

「自分をマーケティングするプロジェクト」では、このうち1社分を選手に渡すので、自分でスポンサーを探してきて欲しいという企画だった。

これは、選手からすると大きなチャレンジだ。まず、自分を売り込むための「セールス・シート」をつくらなければならない。

そして、見込み先の企業に電話やメールで自分でアポ取りをする。さらに、そこで運よく会ってもらえることになれば、出向いてプレゼンテーションをすることになる。

「私にはこういう魅力があります」

「御社に自分を応援していただくべき理由はこのようなことです」

「御社のロゴを私のユニフォームのここに着けさせていただきます」

「年間○○万円でのご契約をお願いします」

誰かにやってもらうのではなく、自ら動くのだ。

そのためのサポートとして、協会では副業兼業プロジェクトで採用した大手企業のマーケティングを担当する部長に、選手に対する「セールス・シート」の書き方の指導をお願いした。

フェンシング日本代表選手

ももに 私のスポンサー

千葉ポートアリーナであったフェンシングのアジア選手権で、日本代表選手のユニホームの太ももに変化が起きていた。「個人枠」が設けられ、自らを支援する企業のロゴを1社だけ入れられるようになった。

17日にあった女子エペの団体戦。円陣を組んだ選手たちは、それぞれ太ももに異なる企業のロゴを付けていた。黒い太字で「山九」、薄い水色で「Nabtesco」……。

かねて選手会からは、支援企業の露出を増やしたいという要望があった。昨年9月、ユニホームの国際的な規定が変わり、ロゴを一つ追加できるようになると、日本フェンシング協会はその枠を選手個人に与えることにした。

そもそもの背景に、選手個々にビジネスマインドを求める協会の姿勢がある。太田雄貴会長は、北京五輪で銀メダルを獲得した際も就職先がなく、自ら就職活動をした元「ニート剣士」だ。「選手の自主性を認めて、自分で考えて行動する枠組みを作りたかった」という。

今のフェンシング選手のピークは20代後半~30代。大学を卒業して6年程度で成熟すると考えられている。代表クラスでは遠征に年間30

枠で企業ロゴ 協会、自助努力を後押し

でも見つけてほしいんです」。社会人でプレーできる環境を整えるためにも、昨年末から代表選手に個人スポンサーの獲得を呼びかけてきた。ロゴが使えるようにしたのは、その一環で、金額も選手の裁量に任せている。

女子エペ代表で、昨年の全日本選手権準優勝の寺山珠樹(17)は京都・乙訓《おとくに》高校の3年生。予算が足りず、遠征を断念した経験がある。自らインターネットで企業や財団を探し、故・星野仙一さんが中心となって立ち上げた「ホシノドリームプロジェクト」の支援を受けている。「遠征に行けなくて、悔しい思いをすることがあった。これからのことを考えたら、自分でやろうと思って」

同じ女子エペ代表の馬場晴菜(21)は大学生。父親が勤める会社の支援を受けており、そのロゴを付けて試合に出ている。「サポートしていただいているありがたみを持って、試合をしています」

自ら支援企業を探し、売り込むことは東京五輪以降を見据えた動きでもある。男子サーブルの徳南《とくなん》堅太(31)=デロイトトーマツコンサルティング=は、より手厚い支援を求めて自ら企画書を書き、所属先を獲得

その企業自身が選手サポートをしているので、採用企業の立場からヴィヴィッドな説明をしてもらえた。また、希望した選手には、セールス・シートの書き方の添削も含む個人指導もしていただいた。

さらに、プレゼンがうまくいき契約となれば、契約書を交わす必要がある。

協会は法務委員会の協力を得て、その契約書の雛形を準備するとともに、各社ごとに発生するであろう、契約書の修正をサポートする弁護士を用意した。

FOCUS

太

0万円近くかかるが、協会は全てを負担できず、一部の選手は自腹を切ることもあるのが現状だ。

協会の宮脇信介専務理事は、「選手には、自分を応援する企業を一つ

個人

した経験があるからその大切さが身にしみている。「東京五輪が終わると、強化費も大幅に減る可能性がある。いまから選手はその先のことを考え、自らを売り込み、支えてもらえるように努力する必要はあると思う」

（照屋健、河野正樹）

㊨男子サーブルの徳南堅太の太ももには、所属先のデロイトトーマツコンサルティングのロゴが入っていた
㊧徳南堅太（右奥）、ストリーツ海飛（右手前）ら男子サーブル日本代表の選手たち。太ももには自らスポンサーを探し、広告を入れることができる

（提供：朝日新聞　2019年6月21日付夕刊）


協会としても、協会の規約などに矛盾が生じないよう、あるいは、不適切な契約主体との契約が取り交わされないようにするなど、一定の注意を払う必要もあった。

選手が1社でもサポート企業を見つけてくることは、経済的観点から望ましいことである。だが、それ以上に、このプロジェクトを通じて、選手が多くの「社会経験」をすることを期待していた。

自分でセールスシートを書く。アポ取りをする。プレゼンをする。契約書を読む。弁

護士に相談する。契約を結ぶ。金銭的やりとりをする。税務的な対応をする。

このようなプロジェクトでもなければできなかった、多くの社会体験とチャレンジを積み重ねてほしかった。

実際に、競技会の合間に小走りに自分のところにきて、「契約が取れました！」と伝えてくれた選手もいた。

長期的なブランディングの必要性

本書を執筆している２０２１年、コロナ禍の現状では、残念ながらご紹介した多くの活動が停滞を余儀なくされている。

また、２０２１年6月には、太田体制から武井壮会長にバトンタッチされ、新しい協会体制に変わっている。

しかしながら、このような「アスリート・フューチャー・ファースト」の試みは、本来的に長期的なプロジェクトであり、絶えず新しい環境の下で姿を変えながらも、協会の文化として継承されていくべき事柄であると考えている。

私の個人的希望としては、長期的には、「フェンシングの選手であれば強いだけでなく知的で信頼できる」といった、フェンシング選手としての「ブランド」が確立されることを願っている。

歴史的に「騎士道」という高い精神性をバックボーンとし、また、戦略性が高く、ピーク年齢も高いスポーツである。少なくとも、そのような資質を有するという意味では恵まれた競技であるはずだ。

今後、海外で行われる競技大会やオリンピックにおいて、表彰台に上り、直後のインタビューで、現地記者からさし出されたマイクに向かって日本人選手が、英語あるいは開催地の母国語で、優勝、入賞した喜びだけでなく、スポーツと社会の問題や人道主義に関する質問にも、落ち着いて成熟した回答をする。

いつかそのような光景を見てみたい。心からそう願っている。

ソフト・ローの時代

2021年に延期された東京オリンピック・パラリンピック競技大会は、開始直前の時期になって森喜朗組織委員会会長や演出の統括責任者の佐々木宏氏の辞任など、混乱が続いた。

とくに社会的な非難を受けたのは「女性を蔑視する発言」だが、これらはただちに法に抵触するものではなく、倫理的規範に反する行為として社会の糾弾を浴び、結果的に辞任に至った。

さらに、競泳の代表選手が不倫問題を起こし、スポンサーが契約を打ち切るなか、競技生活の一時停止に追い込まれるという事件も起きた。

こちらも刑事的な犯罪行為ではないが、倫理的規範にもとる行為として社会から強く糾弾されたことは記憶に新しい。

また、近年、多くの問題を起しているセクハラやパワハラといった「ハラスメント」行為や「コンプライアンス」問題も、一部の暴力的な事件を別とすれば、その多くは法的な問題ではなく、より広汎な「社会的ルール」に反した問題であるといえる。

もはや「法律を守っていればいいのだ」という理屈が通用しない時代になってきた。私は、いま、ビジネス界とスポーツ界の両方に属している立場でもあり、両方の視点を交えながら議論を進めていきたい。

初めて聞かれる方もいるかもしれないが、「法律ではないが社会やコミュニティーが従うべきルール」は、「ソフト・ロー」と呼ばれている。

これに対し、明文化された法律は「ハード・ロー」。近年、この「ソフト・ロー」の社会における役割が急速に増大している様子がうかがわれる。

その理由は主として3つある。

1つは、社会の変化のスピードが速いということ。

そして2つ目は、単なる変化の速度だけではなく、社会構造がどんどん多様化、専門化、複雑化しているということ。

まず、この2つの理由から詳しく触れていこう。

社会的規範が広く認められ整理されれば、国会において「法律」として定められるが、そもそも社会的規範として広く定着するまでには時間が必要だ。さらに、法律に組み上げるまでには、膨大な時間と労力が必要となる。一方、それまで待っていて手をつけずに放置することは、社会的なリスクが大きい。

社会の多様化、専門化、複雑化はどんどん進行している。たとえば、会計に関する規則は会計の専門団体が、オプション取引に関する規則はデリバティブ（派生商品）の専門団体がその規則を定めている。新しいルールの設定には、専門的知識が必要だからだ。

私が所属するCFA（米国の証券アナリスト）やCMA（日本の証券アナリスト）資格を付与する専門家の協会も、それぞれに倫理的な規則を定めており、これらの資格を取得するときのもっとも重要な要件として、その倫理規定を正しく理解していることが求められる。

とくにアメリカでは政府に対する信頼度が低いこともあり、「専門領域の規則は自分たちで決めて自分たちで守ることが一番良い」という考え方が根底にある。

また、高い倫理を掲げることで、自分の団体の社会的価値を高めようというねらいもある。倫理的不正を行った会員は資格を剝奪されるが、アメリカの証券取引の不正に関する公聴会では、CFA協会の役員が「このような不正を防ぐためにはCFA資格者が必要だ」といった趣旨の発言をしている。

また、新しい専門領域の規則は、通常、決める前には原案を公開し一般の意見を求め、環境変化に応じて頻繁に変更が行われる。立案に一定の透明性があり、環境変化に即応できるところも「ソフト・ロー」の利点になっている。

この様な業界団体の規則は明文化されているが、一方、多くのソフト・ローが明文化されていないことも事実だ。

明文化されていないソフト・ローと言われるとピンとこない方もいるかもしれない。「社会的常識」あるいは「社会がよりよくなるための常識」が行動規範として社会活動を律することは多くあり、もっと柔らかく言い換えれば、「法律や規則として明文化はされていないが、その行為は社会的には許されないよ」という基準と言ってよいだろう。

「コンプライアンス」は日本においては「法令順守」と訳されることが多いが、本来はより広汎で、「社会的常識」「社会がよりよくなるための常識」に合致していることが「コンプライアンス」の本来的な意味合いだ。

「コンプライアンス」という言葉自体は広く使われるようになったが、それが具体的に意味する「社会的常識」とは何か、きちんと定義づけることはとても難しい。

たとえば、「コンプライアンス」の一部を構成する「ハラスメント」の概念は新しいもので、この問題に直面する多くのスポーツ競技団体は、近年「ハラスメント」を明文化し定義づけてコーチや選手に対して説明を行っている。過去に遡って古い事例が問題とされるケースも増えているが、昔ははっきりしていなかった「ハラスメント」とは何かがより明確に理解されるようになったことが、その一因ではないだろうか。

一方で、明文化されていない「社会的常識」が「ソフト・ロー」の一部であるとすると、そもそも人々がもっている「社会的常識」は一様ではないという問題がある。その人が育った環境によって「社会的常識」は少なくとも微妙に異なっているからだ。

「社会的常識」を生み出す「環境」とは何か。

1つはその人が育った「時代」であり、その物差しの1つとしては「年齢」だ。とくに近年は社会の環境変化が著しく、その変化に追いついていくことは大変である。

そして、もう1つは、その人が属する「コミュニティー（共同体）」だ。

その人が属するコミュニティーが閉鎖的であり、古いしきたりを変えられない性格を有していた場合には、その構成員は「社会的常識」の変化に乗り遅れてしまうリスクが高まることが考えられる。

長らく「スポーツ界」は、閉鎖的で守旧的なコミュニティーの代表格であり、日本の社会では「スポーツ選手はスポーツだけやって結果を出せばいいんだ」という風潮が根強い。人種差別に反対の声をあげたテニスの大坂なおみ選手に心ない声が日本からは多く浴びせられたのも、日本社会そのものに根付く勝利至上主義的な価値観が、スポーツ界が社会から遊離する傾向を強めていたのではないだろうか。

年齢が高く閉鎖的なコミュニティーに属する人は、「社会的常識」の変化に乗り遅れるリスクが高まる。「社会的常識」の多くは明文化されていないので、自分がその問題に直面するか、あるいは、大きな社会問題として取り上げられないと、広く理解が進まない危険がある。その意味では、「年齢が高く閉鎖的なコミュニティーの長」はメディア等の注目を浴びることも多く、危機的局面に遭遇するリスクが高い。

組織委員会会長というポジションは「政界」「スポーツ界」という閉鎖的なコミュニテ

ィーに直結し、社会的地位が高い高齢者がなることが多いことを考えると、もっとも危険なポジションであるはずだ。

「気づき」の場面

こんなことがあった。私がサンフランシスコにほど近いバークレーにある大学院に、入学の手続きをしに出掛けた日のことだ。

大学のオフィスに行こうと、サザーゲートと呼ばれる門のところを歩いていたら、カリフォルニアの燦々とした日差しのもとで、大勢の学生たちが座り込んで抗議行動をしているのに出くわした。

気になって、サングラスをかけ、短パンとTシャツ姿で座り込んでいる青年に「いったい何に抗議をしているんだい?」と尋ねると、彼はこう言った。

「大学の教務課にレズビアンやゲイの職員の数が少なすぎるので許せないんだ」

1989年の夏、いまから30年以上前の話だ。

アメリカも地域格差が大きく、「先進的」で名高いバークレーだからということもあったからかもしれないが、私は大きな衝撃を受けた。「アファーマティブ・アクション」(※注

1）についてもこの留学中に知ったが、将来、日本においても人事採用の際に「性的少数者枠」を設けることになるかもしれないと感じた。

留学中の経験として、衝撃を受けた事件がもう1つある。

大学の構内にはところどころにタブロイド判の「学校新聞」が置かれていた。学校、とくに経営学部に関する内輪のニュースばかりだが、そこには日本で言う4コマ漫画みたいなものが掲載されていた。

その4コマ漫画は全然面白くなくて、本当に普通の平板な日常を女性的な絵柄のキャラクターが演じている。きっと精神的に大らかな女性がニコニコと描いているのだろうと思っていた。毎週それが続くので、逆に、その平板な漫画の面白さを比較文化論的に分析してみたいと思っていたくらいであった。

ところが、ある週に驚愕した。

もう古い話なので詳細をはっきりとは覚えていないのだが、男性的なキャラクターが「女のくせに」みたいなことを言い、言われた女性的なキャラクターは「性的差別主義者の豚野郎！」と罵り言葉を返した。そして、その怒りは1週間ではおさまらず、次の週の4コマ漫画にも持ち越されていた。

カリフォルニア、とくにサンフランシスコ周辺は西海岸においても「先進的」地域で、自分のクラスにも性的少数者がおり、それも当たり前の環境だった。

だが、それでもこの漫画は強烈で、差別的発言が行われた場合には、まるで「人を殴りつける」のと同じくらい暴力的、差別的行為として受け止められることが、その漫画からはひしひしと伝わってきた。

30年前でこれだけの衝撃があった。そう考えれば、東京オリンピック前に報じられた女性蔑視的な発言に対して、「よく読めば」「真意としては」とか「内輪のアイデアに対して」という意見を聞き、「不寛容な時代」といった論調も目にするが、女性差別的な発言は言葉の暴力性において「人を殴ることと同じ」という認識が足りていないのではないだろうか。

人を殴っておいて、「撤回します」「謝罪します」で済ませることなどありえない。

そのことを、忘れてはいないだろうか。

ソフト・ローの3つ目の機能

最後に、ソフト・ローの役割が拡大する3つ目の理由がある。

私の解釈としては、ソフト・ローには「より良い社会を実現したい」という強い希求が法律よりも色濃く出ていると思う。

法律は社会的に制約を課し、それに反する行為は処罰し、抑制する役割を担うものであるが、社会的に良いことを褒めてくれるものではない。

「社会的常識」には、単に社会的に悪い行為を規制することにとどまらず、より良い方向に社会を変えていこうとする力がある。

いま、環境問題など国の領域を越えた問題に直面し、国の概念に依存する「法」も含めた既存の社会システムの限界に気づき、これを補完する役割をソフト・ローに期待する動きが活発化している。

たとえば、2015年の国連サミットで採択され、国連加盟国193カ国が2030年までに達成することを掲げた、社会的な目標であるSDGs（持続可能な開発目標）。

運用業務に携わられた方は、CSR（企業の社会的責任）やESG投資（環境、社会、ガバナンスに配慮した投資）について馴染みがあるはずだが、それぞれが企業サイド、あるいは運用者サイドの行動規範だったのに対し、SDGsは政府を含めたより広汎な取り組みであるとともに、国という枠組みも超えた国際的な取り組みだ。

ESG投資は市場経済が直接的に取り込めない課題に対して、これを意図的に取り込むことによって、社会をさらに良いものにしようとする取り組みだと私は理解しているが、

ＳＤＧｓもまた、社会全般に作用するソフト・ローとして機能を始めているのではないだろうか。

私たちは学んでいる過程にある

コンプライアンスの問題が頻発するいまのスポーツ界や政界の現状に、「遅れている」と驚かれているビジネスパーソンは多いのではないだろうか。

だが、ビジネス界がコンプライアンスに対する関心を高めたのは、そう遠い昔の話ではない。

「ついこの間まではどうってことなかったことが、世の中の価値観が変わってそういうことではいかんということになった」

これは、商社の業界団体である日本貿易会の会長が、２００２年に商社のコンプライアンス問題の多発に対して、定例記者会見で行った発言だ（※注２）。

日本企業の多くは１９９０年代以降に、違法経営や企業倫理にもとる行為が社会から糾弾されたことから、徐々に企業倫理を確立するプロセスを辿ってきた。

年齢が高いから、自分のいるコミュニティーが閉鎖的、守旧的だからといって、立ち止まることは許されない。スポーツ界においても、スポーツ庁により競技団体向けの「ガバナンスコード」(これも官庁主導のソフト・ローである)が導入された。これにより、スポーツ競技団体もより社会に対して開かれ、コンプライアンスに対する「教育」も進む。「教育」は環境を変える大きな力となるはずだ。

スポーツは本来的に社会の一部であり、とくにトップアスリートには、社会を率いる役割が期待されている。それゆえに、組織の長とはまた違った意味で社会の注目を浴び、より高い高潔性を求められる。

だからこそ、トップアスリートを社会から隔離してはならず、むしろコンプライアンス意識を涵養するべく環境を整えてあげることが不可欠ではないだろうか。

「社会的常識」の変化から取り残されることは大変危険だ。とくに、コロナ禍のひとつの影響は、これまでの「日常」が破壊されてしまったことだ。

当たり前だと思っていた日常生活も実は安定的ではないこと、新しい生活スタイルが存在し得ることを、私たちは自らの生活の変化を通じて知った。

また、昔とは異なり、SNSの発達により、普通の人が社会に対して発信できる環境にもなっている。「社会的常識」の変化は、当面加速していくであろう。

私たちはより良い社会に向かって変わっていくことができる。

ソフト・ローは、そのための大きな力になると私は考えている。

※注1：「アファーマティブ・アクション」とは、積極的に格差を是正しようとする措置であり、歴史的に差別を受けてきた社会的弱者に対して特別な対応を行うこと。たとえば、マイノリティに対する採用試験や入学試験での優遇措置などがある。

※注2：「読売新聞」　2002年9月13日付朝刊。

第6章

組織を外に開く

リソースはいつも足りない

スポーツ競技団体の多くは、慢性的なリソース不足だ。

リソースというと、一般的には「ヒト、モノ、カネ」と言われることが多い。だが、スポーツ競技団体の場合には単に量の問題ではなく、経営に必要な専門的なスキルそのものが欠落しているケースも多く、事態はさらに深刻だ。

とくに「改革」を待ったなしで迫られているフェンシング協会の場合は、ただちにこの問題に取り組まなければならなかった。

ないものは調達しなければならない。

まず、新しい試みとして取り組んだのが「副業兼業プロジェクト」だった。

「副業兼業プロジェクト」は、文字どおりフェンシング協会として不足している機能を副業や兼業の雇用形態で人を募り、補おうという試みだ。

協会のガバナンス機能が、①財政、②業務執行、③法務、コンプライアンスに整理できることは前述したが、財政ガバナンスや法務、コンプライアンスは、組織のベースとして

図20　不足する業務執行ガバナンスのために必要なリソース

不可欠である一方、広範囲に及ぶ協会事業をカバーするための業務執行機能のすべてを、自力でカバーすることは至難のわざだ。

とくに経営戦略の立案、マーケティング、広報PR、強化戦略の立案といった業務執行に関わる専門分野については、適切な人材を見つけることに苦慮していた。

そもそも適切な人材の希少性に加えて、これらのポジションは市場価格が高い職種でもあり、適正な対価を払ってフルに雇用することは不可能に近いというのが現実だった。

ここで太田氏がヒントをいただいたのが、当時、ビズリーチ社代表取締役社長だった南壮一郎氏（現・ビジョナル株式会社　代表取締役社長）だった。

いただいたアイデアを受けて、2018年10月に先ほどの4つの機能に対応するポジションについて、ビズリーチ社に登録する会員を中心に、いまの仕事を続けたまま「副業兼業」で働きませんかという公募を、即戦力と企業をつなぐ転職サイト「ビズリーチ」上で実施したのである。

公募期間は2018年10月4日から31日までの1カ月に満たない極めて短期間であったが、4つのポジションに1127名もの応募があった。

図 21　企業との連携：ビズリーチ社との「副業兼業プロジェクト」

2018 年 11 月 2 日
株式会社ビズリーチ

日本フェンシング協会がビズリーチで実施した
副業・兼業限定の戦略プロデューサー公募に計 1,127 名が応募

株式会社ビズリーチ（所在地：東京都渋谷区 / 代表取締役社長：南 壮一郎）と公益社団法人日本フェンシング協会（所在地：東京都渋谷区 / 会長：太田 雄貴、以下 FJE）は、FJE が副業・兼業限定で募集した戦略プロデューサー 4 職種に計 1,127 名の応募があったことをお知らせいたします。即戦力人材と企業をつなぐ転職サイト「ビズリーチ」上で 2018 年 10 月 4 日から 10 月 31 日まで、4 職種（経営戦略アナリスト、PR プロデューサー、マーケティング戦略プロデューサー、強化本部ストラテジスト、各 1 名、合計 4 名）を公募しました。今後選考を進め、2019 年 1 月以降の就業を予定しています。FJE は日本フェンシング界をさらに飛躍・発展させるために、会長・専務理事直下の「ビジネス戦略サポートチーム（仮称）」を新設し、ビジネスプロフェッショナルを招き入れ、組織の基盤強化を進めていきます。

スポーツ界では初めてとなる副業兼業の公募は、いくつかの事実を浮き彫りにした。まず1つは、スポーツに関わりたい、あるいは、スポーツを通じて社会貢献したいと考えている人たちが、大勢いるという事実だ。

私も太田氏とともに、最終選考の面談を行ったが、応募していただいた方の熱意がひしひしと伝わってきたのを、いまでも思い出す。

そして、もう1つは副業兼業が、スポーツに携わりたいと考えている人たちの妨げとなっていたハードルを明らかに下げたということだった。

裏を返せば、現状、スポーツ競技団体が有能な人材を、フルタイムで雇用することがいかに困難であるかを物語っている。

スポーツ競技団体の多くは公益法人の形式を有し、理事などの役員は無給であることがほとんどだ。

事務局員やコーチなどの強化関係者も有給とはいえ、その給与水準は原則として低く設定されている。この問題を乗り越える1つの懸け橋となったのが、「副業兼業プロジェクト」だった。

副業兼業にできること、できないこと

スポーツ競技団体初となる「副業兼業プロジェクト」の試みは、大きく報道された。それにより各所からの問い合わせも非常に多かった。メディアのみならず、フェンシング協会での例にならい、自分たちも副業兼業によって人材を調達したい、というスポーツ競技団体や公的機関からの問い合わせだった。

これらに対応するうちに、ただ勧めるばかりでなく注意していただかなければならない、という点も見えてきた。なかには、非常に難しい仕事を副業兼業人材に「丸投げ」しようとするように感じられるものがあったからだ。

副業兼業は「パーシャルワーカー」であり、そもそも1週間に何時間程度といった労働量しか前提としていない。

また、副業兼業で雇われた人材は、正規雇用の管理者ではないので、通常は組織的に責任を負うことができないポジションの設計になっているはずだ。

極めて制約が多い条件のもとで、期待された専門的スキルを発揮してもらうためには、雇用側の管理者や役員が、その副業兼業人材と並走し、組織として責任を負うべき部分は、

ただちに引き取れる形にしておかなければならない。

また、副業兼業は一定の経済的対価の提供を行うが、その趣旨に照らして低水準であり、経済的対価を主目的として働くわけではない。

基本的には、ボランティア同様に「やりがい」や非経済的な「インセンティブ」が必要となるものでもある。

つまり、「副業兼業」で人を雇うためには、「丸投げ」はできない。きちんとポジションの役割と限界を理解し、組織としての管理と保護を施す必要がある。

そのためには、前向きに働けるよう、その人のやる気の源泉についても理解したうえで、ポジションをデザインすることが求められる。

副業兼業は将来の経営人材のプールにも

結果的に、フェンシング協会では「副業兼業プロジェクト」によって4名にお願いをした。

経営戦略アナリストの江崎敦士氏（ＡＷＰジャパン株式会社営業部本部長）、強化本部ストラテジストから強化本部副本部長にポジション名をあらためて入っていただいた高橋

オリバー氏（当時、日本コカ・コーラ株式会社ゼネラルマネジャー）。

江崎氏には中期経営計画の素案作成をリードしていただき、高橋氏にはアスリート・フューチャー・ファーストの章でも触れた、選手向けのマーケティング活動の講師役をお願いするとともに、選手の相談にものっていただいた。

現在は協会業務を離れることになったが、お二人が残した功績は大きい。

さらに、PRプロデューサーの鳥山聡子氏（株式会社ブリヂストン　オリンピック・パラリンピック推進部渉外・支援推進課長）の存在も不可欠だった。

対外広報の対応実務全般を統括していただき、全日本選手権など大会実施時のメディア対応、協会の広報能力の向上に大きく貢献していただいた。

そして、2021年6月からの新体制では、PRプロデューサーを続けるとともに、理事としても協会経営に加わっていただくことになった。

副業兼業でスポーツ競技団体と関わりをもちながら、役員になるルートも鳥山氏の活躍によって開かれたのだ。

また、マーケティング・プロデューサーの朝倉裕貴氏（大手ＩＴ企業勤務）もまた、２０２１年６月からの新体制においても、副業兼業を継続していただき、引き続き協会のマーケティングの最前線でリーダーシップを発揮していただいている。

副業兼業を規制する企業がまだまだ多いという課題はあるが、新しい働き方を認める企業も増加傾向にある。

また、潜在的には、スポーツに関わりたい、スポーツを通じて社会貢献をしたいというニーズは社会に大きく存在している。

振り返れば、東京２０２０オリンピック・パラリンピックにも、多くのボランティア希望者が全国で手を挙げた。スポーツ競技団体や統括する上位団体は、このような潜在的なリソースを組織化し、活用できる工夫を考えていくべきではないだろうか。

まさに、「副業兼業」はそのひとつの例であり、ほかにもいろいろな取り組みが可能であるはずだ。

プロジェクトを通しての企業との連携

企業と協会の関係をいかに築くか。これは非常に重要な課題だ。

ご協力いただける企業は、重要なリソースの提供者であることは言うまでもないが、これまでスポーツ競技団体では、企業＝資金の提供者という役割しか考えられてこなかったのではないだろうか。

また、公益法人の制度的な成り立ちから、企業から提供される資金を寄付と考える傾向があった。だが、企業サイドから見れば、投じた資金は寄付ではなく、広告宣伝費というとらえ方だ。上場企業であれば、広告効果をもたない資金支出は株主から糾弾される可能性すらある。

太田氏と私は、ご協力いただく企業を「パートナー」と考え、手を携えていこうという考え方で接してきた。

広告宣伝費については、それに見合う広告宣伝の露出をお返しするのはもちろん、それ以外でもできる限り一緒に事業をつくっていこうと考えた。

たとえば、「副業兼業プロジェクト」も、ビズリーチ社と手を携えて行ったプロジェクトだった。

ビズリーチに登録する優秀な即戦力人材のユニバースに対して公募を行い、同社の有する採用のノウハウでサポートいただくことで、ひとつのチームとして進んでいった。

同社の加瀬澤良年氏（社長室特命プロデューサー）を筆頭に、採用支援チームの方々には転職市場の現状や採用のポイント、そして、ＰＲ担当の田澤玲子氏には企業広報の役割について多くのことを学ばせていただいた。

ほかのスポンサー企業の皆さまとも、さまざまな形で連携してきた。

そのすべてを説明することができないのが残念だが、印象的ないくつかの事例をご紹介したい。

たとえば、「シュガーレディ」から２０２０年に社名変更した食材を宅配で提供する株式会社SL Creationsは、太田氏が会長になって以来、協会を支える最有力のスポンサーのひとつだ。

同社は一定の選手たちに食材を提供しており、化学的合成添加物を使用しない安全性の高い食材は、アスリートにとっても安心して手軽に食べられる利点がある。

対象選手たちからのＳＮＳでの発信は広告宣伝になるが、その選手たちにとっては、自らの体を支える重要なサポートとなっているのだ。

全日本選手権個人戦にご協力いただいている企業としては、不動産賃貸住宅仲介サービス業を展開する株式会社エイブルに、2018年の第71回大会以来、継続して大会の冠スポンサーになっていただいている。

このような長期的な協力関係を築くことは、イベントの継続性という観点から感謝に堪えないことである。

2020年の全日本選手権個人戦で協力企業となったのが、株式会社光和。同社は映像や音響機器の販売およびレンタルを行う企業だが、大会に提供したLEDパネルは極めて高解像度、高輝度で、明るい会場内でも鮮明に情報を伝えてくれる。

コロナ禍のため無観客で開催された大会も、先進のテクノロジーにより映像映えする演出で大会を盛り上げてくれた。同社の施設を訪問したことがあるが、その素晴らしい技術に驚かされた。今後もさらに同社の先進的な映像技術が会場を盛り上げるだろうと、期待は膨らむばかりだ。

もう1つ、特殊な企業協力の例がある。

つくば市にある株式会社ライツは、スペシャリスト思考のAI化とその実務への適用など先進的な事業を行う企業だが、フェンシング協会へ「アナリスト（定量分析の専門家）」

を競技力向上のために派遣してくれていた。

東京2020のタイミングでこの支援はひと段落という形となったが、（私自身が定量分析に基づく投資を行っていた経験があるので、ひいき目に見るバイアスがあるかもしれないが）アナリストが集めたデータから分析した戦術は、日本が他国とは異なった独自の強みを生み出していく可能性があるアプローチだと考えていた。

欠かすことのできない地方公共団体との連携

企業だけでなく、もう1つ、欠かすことのできない存在が地方公共団体だ。

とくに国の財政状況が厳しくなるなか、地方公共団体との連携は模索すべき方向性のひとつであることは明白だった。

しかし、地方公共団体といっても、47都道府県に加え、1700を超える市区町村と膨大な対象が全国に散らばる。

しかも、連携が実質的な意味をもつためには、フェンシング協会と連携する「意図」と「体力」を持ち合わせていなければならない。

また、フェンシング協会の目線から言えば、リソースに限りのあるなか、地域のバランスや大会、合宿実施における利便性も考慮して「戦略的」に決める必要があった。

公募を通じて広く募集しても、一挙に多くの事案を並行的に実施することが難しい一方で、応募いただいた先をお断りすることは逆効果になる。

また、こちらからねらいを絞ってお声がけすることも難しい。とくに初めての地域連携は「パイロット案件」として失敗は許されない。

さまざまなことに思い悩むなか、2018年5月、1本の電話が協会に入った。

電話の主は、沼津市スポーツ交流推進室の横山憲利主査だった。

沼津市はフェンシング協会と連携をしたいので、フェンシングによる地域振興を企図する市長とのトップ会合を設定してほしいとの依頼だった。

「よし！」

渡りに船、とはまさにこういうことだ。

早速、都内ホテルでの会合が決まり、当日には沼津市からは頼重秀一市長をはじめ、山田昭裕産業振興部長、鈴木章宏スポーツ交流推進室長、横山憲利主査など多くの方にお見えいただいた。太田氏と私も含めて、ラウンジの一角はぎゅうぎゅう詰めになった。

先方の熱心な説明に、太田氏の頭がすぐにくるくると回り始めていることがはた目にもわかった。

沼津市は都心との交通の便が良く、駿河湾に面して富士山を仰ぎ、立地に恵まれている。統計を見てみると、20万人規模の人口を有し、良好な産業のバランスを背景に財政の規模と状況も良好だ。ありがたいお話だった。

頼重市長と太田氏が意気投合し、その後はとんとん拍子に話が進んでいった。

２０１９年2月に沼津市と協会の包括連携協定が結ばれる。

それに先行して、強化合宿の受け入れ施設となるプラサヴェルデ等の視察と、初となる日本代表強化合宿が２０１８年末にすでに実施されていた。

２０１９年4月には、ナショナル・コーチであった長良将司氏が沼津市の職員として採用された。これは、沼津市に開設が予定されるフェンシング施設での競技指導を前提としたものである。

フェンシング施設は仮設会場から始まったが、最終的には沼津駅前の一等地にフェンシングの競技指導等を主な目的とした施設、「Ｆ３ＢＡＳＥ」が、２０２１年6月にオープンした。

この破格の対応には、頼重市長のスポーツを活かしたまちづくりへの強い想いがあったと聞く。また、髙峯聡一郎副市長にもご尽力いただいた。

長良氏は自身がオリンピック出場を果たした有力選手であったが、ナショナル・コーチのなかでも、指導者として海外で教育を受けた経験を有している数少ないコーチの一人である。かねてより、エリート・アカデミー（注）での指導を含めジュニア（21歳未満）・カデ（18歳未満）選手の育成において評判が高く、協会としても「パイロット・プロジェクト」をご提供いただいた沼津市の熱意にお答えする形で、ベストの人選を行ったと考えている。

すでに数十名の子どもたちが練習を開始しており、競技大会でも実績が出つつある。今後の発展がますます楽しみだ。

※エリート・アカデミーとは、国際競技力向上およびその安定的な維持の施策の一環として、将来オリンピックをはじめとする国際競技大会で活躍できる選手を恒常的に育成するために、中央競技団体の一貫指導システムとの連携により、ジュニア期におけるアスリートの発育・発達に合わせ、トップアスリートとして必要な「競技力」「知的能力」「生活力」の向上を目的としたJOCが行う事業。

エンジンは多いほうがいい

幸いなことに２０１９年２月に沼津市と協定が結ばれたあと、同年３月には東京・渋谷区、２０２０年３月には佐賀県と協定を締結、連携して事業の展開を行っている。

渋谷区とは「学校訪問プロジェクト」の実施と、２０１９年の全日本選手権個人戦決勝の舞台として、ＬＩＮＥ ＣＵＢＥ ＳＨＩＢＵＹＡ（渋谷公会堂）を使わせていただいた。また、ふるさと納税の試みも始まった。

佐賀県は、この三自治体のなかではもっとも後発だったが、ふるさと納税では、むしろ先行している。また、ＳＡＧＡサンライズパーク総合体育館フェンシング場がフェンシング競技に関するＪＯＣ強化センターに認定されるなど、競技拠点としての動きも活発化しつつある。

そして、地方公共団体との連携事案が増えるにつれ、いくつかの注意すべきポイントも見えてきた。

（提供：写真はいずれも公益社団法人 日本フェンシング協会）

地方公共団体では首長の権限が強いこともあり、トップである首長の強いコミットメントは不可欠だが、行政のトップの思いだけでは物事は前に進まない。

物事を前に進めていくには、周りを固める熱意のある事務方の支えが欠かせず、長期継続的な展開には行政だけでなく、議会、さらには地域に根差した民間の力強いサポートが不可欠だ。

沼津市を例にとれば、協会と協定締結に先駆けて、静岡県フェンシング協会（会長　勝呂衛氏、副会長　田村儀昭氏、理事長　高田康修氏）が市と連携する形で子どもたちを対象とした地域のフェンシング大会や日本代表選手を招聘したイベント等を実施するとともに、東京2020オリンピック大会の事前合宿の招致を市に働きかけていた。

そして、この働きかけは、フェンシングのカナダ代表が沼津市で事前合宿を行うことで結実した。

フェンシング競技に必要な用具についても、沼津市には積極的に対応していただくとともに、地元の沼津北および沼津西ロータリークラブも機材調達に協力をいただいた。さらに、官民協力の動きは官民連携の組織である「フェンシングのまち沼津推進協議会」の設立にも至った。

また、一連のストーリーの出発点となった市長と太田氏とのトップ会談を陰から支えていたのは、同県協会理事の増田和正氏であったことも後からわかった。

文字どおり、官と民が一体となって、フェンシングを支える波が継続的に広がっていく様子を目の当たりにすることができたのだった。

地方の活性化は中央競技団体の使命のひとつ

忘れてはいけないのが、中央競技団体の使命の1つに地方の活性化があるということだ。強化の視点だけで見れば、強い選手を1カ所に集めたほうが効率的だという考える人がいるし、たしかに短期的に見ればそうかもしれない。

だが、「中央に行かないと強くなれない」ということになれば、長い目で見た場合、地方での選手人口は減り、最後にはそのスポーツ競技そのものの人気や競技者数を減少させ

（提供：写真はいずれも公益社団法人 日本フェンシング協会）

るおそれがある。

中央集権になってしまえば、生まれ育った土地で強い選手になりたい、という選択肢もかなわず、スポーツの多様性を奪うことにもなりかねない。

各地方でフェンシングを経験できる。そして、競技者を目指す人には強くなることができる環境を整備していくことは、中央競技団体が果たすべき役割の1つだ。

その一端を担う、育成、普及活動の一環として2017年度より「学校訪問プロジェクト」を実施してきた。

もともとは東京2020の開催地である千葉県および千葉市の小中学校を対象に企画、実施されてきたものだが、日本代表選手同士の試合のみならず、生徒のなかから選手を選び日本代表と試合を行うなど、フェンシングの競技に直接触れるとともにオリンピックにおける応援の仕方を学ぶ機会を提供するイベントとして、太田氏も自ら学校を回ってきた。

最初は東京2020を盛り上げるためにというスタートだっ

たが、さらに発展を見せ、2019年に協定を締結した渋谷区でもスタートさせた。

2020年度はコロナ禍のために通常形式でのリアルな開催は困難となり、リモート形式での実施となったが、千葉県5校、東京都渋谷区10校を対象に実施。開始以来、延べ40校を超える小中学校で開催されたことになる。

東京2020を終えたいま、このプロジェクトもまだまだ発展する余地があると感じている。

いまは千葉県や渋谷区のみにとどまっているが、実施対象地域を広げることができれば、それだけ多くのフェンシングの種をまくことができるだろう。

一見地味な活動に見えるかもしれないが、長い目で見ればこのような普及活動こそが将来のファンや選手を生み出す力になるはずだ。

コロナ禍が終息傾向となれば、再び学校を回り、新たなメダリストやオリンピアンも含め、現役選手、OB、OGたちが活躍することだろう。子どもたちの笑顔をじかに見られるのも、このうえない喜びの1つだ。

第7章

金メダルの意味を考える

オリンピックで初の金メダルの意味

東京2020オリンピック男子エペ団体金メダルは、長く積み上げてきた歴史によるところが大きい。

振り返れば、男子フルーレで太田雄貴氏が銀メダルを獲ったのが2008年、同種目団体銀メダルは2012年。

このフルーレを育ててきたオレグ・マツェイチュクコーチが、ウクライナから招聘されて日本にきたのが2003年なので、団体でメダル獲得に至るまでに約10年の月日を要したことになる。

一方、男子エペを育ててきたのは、オレクサンドル・ゴルバチュクコーチ。通称「サーシャ」コーチだ。彼はオレグコーチの紹介を受けて、まず、臨時コーチとして2008年にウクライナから来日後、正式のコーチに就任したのは2010年。こちらも、団体でメダルを獲得するまでに10年余の期間をかけてきた。

団体でのメダル獲得は、1人の天才によっては成し遂げられない。その種目において世界のトップクラスの選手を複数、できれば4名以上揃える必要がある。とても一朝一夕にかなえられる事業ではない。

また、ここで指摘しておきたいのは、いまフェンシング協会は6種目すべてに力を入れており、結果を出しつつあるという事実だ。

歴史的に見ると、日本のお家芸として「フルーレ」種目に特化した強化を行っていた。それが2008年、2012年のオリンピックにおける成果に結びついたが、一方で「エペ」や「サーブル」の選手たちからしてみれば、十分なサポートをしてもらえなかったとの不満も大きかったはずだ。

残念ながら東京オリンピックには団体での出場を果たせなかった女子エペも、太田体制のもとで「次世代ターゲットスポーツの育成支援事業（次世代ターゲット事業）」として、強化のサポートをつけることができた。

「次世代ターゲット事業」はスポーツ選手育成の本質を良く理解し、複数年度の広がりを前提とする、JSCがサポートする事業であり、言うまでもなく、男子エペの今回の偉業が女子エペにも良い影響を与えていくことだろう。

繰り返しとなるが、選手強化には10年単位の時間を要する。

今回の男子エペチームは、年齢のバランスにも恵まれていて、最年長の見延選手は1987年生まれで34歳。最年少の加納選手が23歳であり、まさにこのふたりに挟まれた年齢

図 22　団体戦世界ランキングの推移

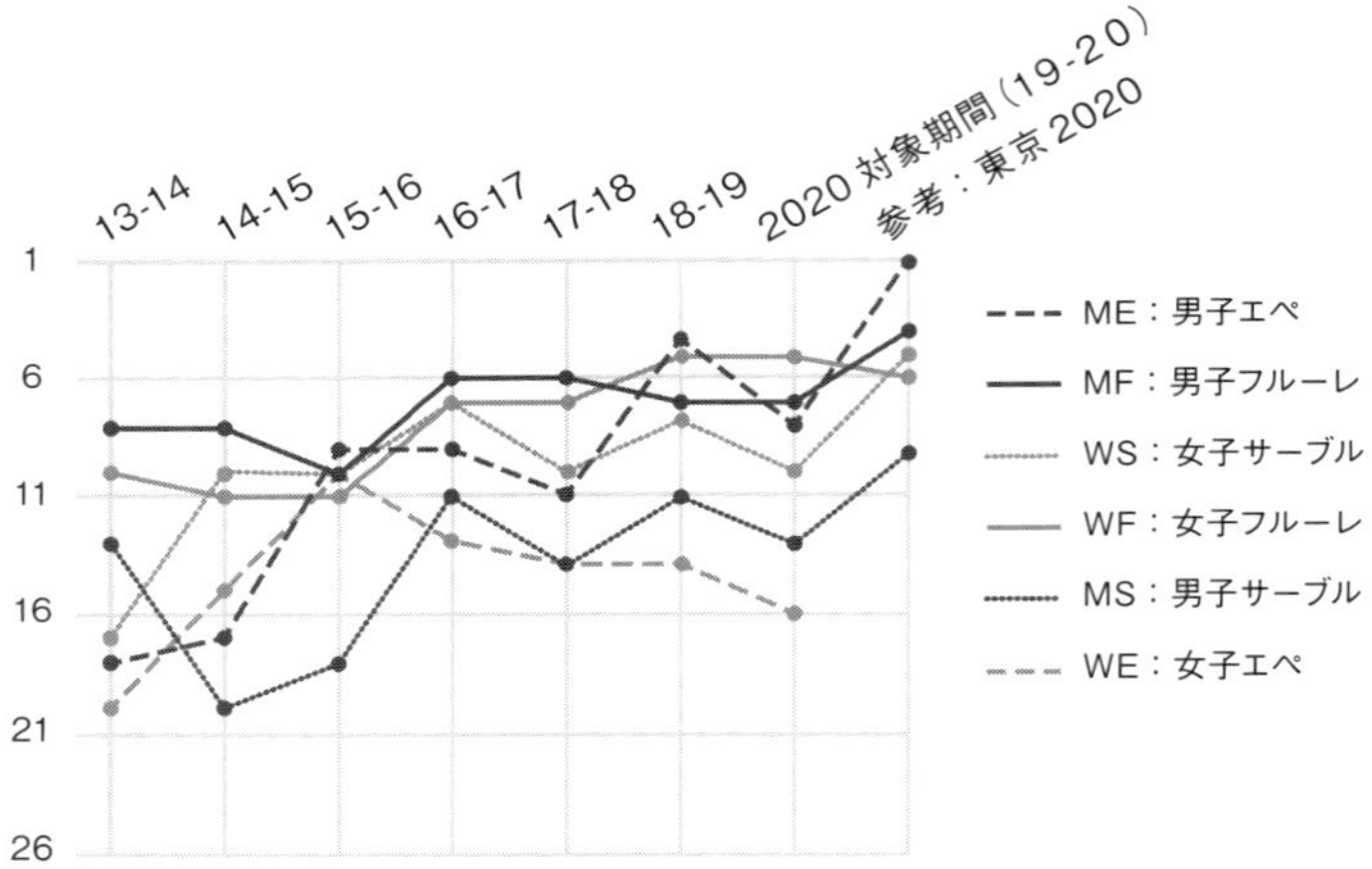

（出典：FIE 資料を元に筆者作成）
（注）横軸は「シーズン」。19-20 シーズンは 2020 対象期間と重複することから省いた。
参考として東京オリンピック大会の結果を併記した。

ゾーンがフェンシング選手としての一般的なピークと言われている。

男子フルーレや女子フルーレの選手たちはさらに若い。今後パリ大会や、さらにその先のロサンゼルス大会でピークを迎えていくだろう。

今回は涙を飲んだ女子エペにも、新しい世代が切り開く明るい未来が開けていると信じている。選手が望むべきときにベストパフォーマンスを発揮できるよう、選手に重大なケガをさせないための注意をはらうことも、スポーツ競技団体のひとつの重要な使命であることを強調しておきたい。

オリンピックという大会の特異性

オリンピックの選手選考のプロセスは非常に複雑である。普通の世界大会が「世界で一番強い選手を決める大会」であるのに対し、オリンピックはそれだけではない。オリンピックは、通常の競技会とは異なる別の選考基準も満たそうとするからだ。

オリンピックのシンボル「オリンピック旗」は、「5つの大陸の団結とオリンピック競技大会で世界中の選手が集うことを表現する、5つの結び合う輪をもつ」ことで有名だ。

また、オリンピズムの根本原則として、その目的は、「人間の尊厳の保持に重きを置く平和な社会の推進を目指すために、人類の調和のとれた発展にスポーツを役立てることである」とし、オリンピックの活動は、「5大陸にまたがり、偉大なスポーツの祭典、オリンピック競技大会に世界中の選手を集めるとき、頂点に達する」と定められ、「そのシンボルは5つの結び合う輪である」とオリンピック憲章にうたわれている。

つまり、オリンピックは単なる「競技会」ではなく、オリンピズムの哲学を体現するためのスポーツの「祭典」であり、その趣旨に照らして世界各国からの参加を要請する。

そのため、フェンシングの選手の参加資格も単にランキングだけで決まるのではなく、世界各地域、各国にある程度分散が効く、実に複雑な仕組みとなっている。

まず、概略を説明すると、流れはこうだ。

①各種目について団体戦に出ることができる8カ国を決める
②団体戦に出場する各チーム（8カ国）の3名（合計24名）は個人戦に出場できる
③個人戦は各種目合計34名出場する
④各種目24名は団体戦出場国に与えられるので、個人戦のみ出場する残り各種目10名の選定が行われる

つまり、団体戦に出場する8カ国は、団体戦とプラスして各国3名の選手が個人戦にも出場できるのだが、この団体戦に出場する国を決定する仕組みは以下のとおりだ。

①対象となる期間（1年間）の国際競技会の団体ランキング、ポイントで決める
②団体ランキング上位4カ国は自動的に出場権を得る
③団体ランキング5位から16位のなかから、アフリカ、アメリカ、アジア・オセアニア、欧州、各四地域別最上位の国が出場権を得る
④前項③において、団体ランキング5位から16位に対象となる国がない場合には、地域に関係なく、出場権の得られていない国のなかでもっとも団体ランキングの高い国が出場権を得る

団体戦出場国が決まれば、個人戦に出場する残りの選手を決める。決定方法はこうだ。

①対象となる期間（1年間）の国際競技会の個人ランキング、ポイントを用いて決めるが、個人ランキングから団体戦に出場する国の選手は除外する
②前項①で除いた各国で最上位選手だけが対象となる

③前項②の対象選手について地域別、アフリカ1名、アメリカ1名、アジア・オセアニア2名、欧州2名の地域別の最上位者合計6名が出場権を得る

④ここまでで出場資格を得ていない国の選手1名が参加する地域別の最終選考会を開催し、アフリカ、アメリカ、アジア・オセアニア、欧州の四地域別に1名ずつ、合計4名が出場資格を得る

これとは別に、オリンピックが開催される国には「開催国枠」として別途8名の選手枠が与えられる。

実際に、金メダルを獲った男子エペチームを例に説明するとこうだ。

まず、ランキングで上位4カ国のフランス、イタリア、ウクライナ、スイスが地域に関係なく無条件で出場が決まった。

次に5位から16位のなかから各地域の最上位を選定。アジア・オセアニア地域では韓国（ランキング5位）、欧州からはロシア（ランキング7位）、アメリカ地域からアメリカ（ランキング10位）が出場権を確定させた。

アフリカ地域からは17位のエジプトが最上位だったため、選からは漏れ、16位以内に入

図 23　東京2020の各国の出場権獲得状況（男子エペ団体）

ランキング	国名	地域	出場資格基準				最終的出場可否
			①上位４	②地域別1	③再配分	④開催国枠	
1	フランス	欧州	○				○
2	イタリア	欧州	○				○
3	ウクライナ	欧州	○				○
4	スイス	欧州	○				○
5	韓国	アジア・オセアニア		○			○
6	中国	アジア・オセアニア			○		○
7	ロシア	欧州		○			○
8	日本	アジア・オセアニア				○	○
9	ハンガリー	欧州					×
10	アメリカ	アメリカ		○			○
11	カザフスタン	アジア・オセアニア					×
12	デンマーク	欧州					×
13	イスラエル	欧州					×
14	スペイン	欧州					×
15	ドイツ	欧州					×
16	エストニア	欧州					×

（出典：FIE の資料を元に筆者作成）

っている国がないことから、アフリカ地域から選定されず、ここまで選考で漏れたなかの最上位である中国（ランキング6位）が出場権を得た。

最後に、日本（ランキング8位）が、個人ランキング世界4位でアジア・オセアニア地域の個人枠を有していた山田優選手と、開催国枠2つを加えて選手枠計3名を確保。団体戦の出場枠を得た。

あらためてこの表を眺めると、なぜ、ランキングでは10位のアメリカを上回る9位のハンガリーが出ていないのか。不思議に感じる人もいるだろう。

もしも17位のエジプトが16位以内に入っていれば、アフリカ地域代表として出場権を得られるため、ランキング6位の中国ですら出場権を失っていたことになる。


次は男子フルーレ団体の例を見てみよう。

団体6位の韓国は団体戦の出場権を逃している一方、14位のカナダがアメリカ地域の代表として出場権を獲得している。日本は同じアジア・オセアニア地域の香港が上にいたが、個人ランキング世界12位でアジア・オセアニア地域の個人枠を有していた敷根崇裕選手に2名の開催国枠を加え、団体戦の出場を果たした。

図24　東京2020出場時の団体戦世界ランキング（男子フルーレ）

国名	団体ランキング
アメリカ	1
フランス	2
イタリア	3
ロシア	4
香港	5
日本	7
エジプト	8
ドイツ	10
カナダ	14

（出典：FIEのデータを元に筆者作成）

このように見るだけでも、世界一を決める単なる競技会とは発想を大きく異にすることがわかっていただけるのではないだろうか。

東京2020オリンピックに先立ち、2021年3月にNHKで放映された「NHKスペシャル　令和未来会議　あなたはどう考える？　東京オリンピック・パラリンピック」の討論において、バルセロナ、アトランタの女子マラソン代表でメダリストでもある有森裕子氏が、「オリンピック大会は競技会としてはもっともレベルの高いものとは必ずしも言えない」という趣旨の発言をした。これは非常に勇気ある発言だと感じた。

誤解を招く可能性もあるが、有森氏は世界的な「スポーツの祭典」として行われるイベントという目的に基づき、幅広い参加者を世界から募っており、通常の競技大会とは異なったデザインとなっていることを仰っているのだと受け取った。

オリンピックの開会式で各国の国旗を先頭に選手が入場する

のは、各国のナショナリズムを煽るのではなく、多くの国々が参加する世界の「スポーツの祭典」であることを、あらためて確認することに目的があるのだと解釈している。

金メダルが期待されていた男子エペ団体

とはいえ国民の関心度という点で、オリンピックはほかの世界大会とは比べ物にならないほど高い。

実際にオリンピックのあとは多くの報道がなされ、さまざまな場で男子エペチームの姿を多く見ることができた。

日本は東京２０２０オリンピックで、過去最高となるメダル58個（金27個、銀14個、銅17個）を獲得したが、やはり、「金メダル」の威光は大きい。

あえて水を差すことではないかもしれないが、テレビでの紹介や新聞記事のなかには、男子エペ団体チームが、「世界ランキング8位」の「開催国枠を用いた出場」であることを強調し、今回のメダル獲得をフロックのように扱われることもあった。

しかし、実はそうではない。競技関係者の多くは、彼らの金メダル獲得を期待し、確信していた。次の表を見ていただきたい。

図 25　東京2020出場時の日本の種目別チーム状況

	女子エペ	男子サーブル	女子サーブル	男子フルーレ	女子フルーレ	男子エペ	合計
開催国枠を用いない団体出場権					○		
開催国枠を用いた団体出場権		○	○	○		○	
団体戦世界ランキング	16	13	10	7	5	8	
個人世界ランキング上位３名の平均で計算した国別順位	12	14	9	6	6	1	
東京2020団体戦の結果	－	9	5	4	6	1	
個人世界ランキング選手数（名）							
Best 4　（1 － 4 位）						1	
Best 8　（5 － 8 位）					1		
Best 16　（9 － 16 位）				1	1	2	
Best 32　（17 － 32 位）			2	2		1	
32 位以内選手数			2	3	2	4	
個人ランキング最上位	42	44	22	12	7	4	
個人戦上位３名の平均ランキング	49.7	51.3	28.3	23.7	17.3	9.7	
獲得した個人選手枠	1	1	1	1	3	1	8
開催国枠		2	2	2		2	8
合計（除くリザーブ）	1	3	3	3	3	3	16
団体戦リザーブ		1	1	1	1	1	5

（出典：公益社団法人 日本フェンシング協会および FIE のデータを元に筆者作成）

まず、選手個人の力が圧倒的に高い。

オリンピックの出場条件は直近1年間の試合における世界ランキングによって決まる。個人のランキング、ポイントも集計されているが、男子エペチームの最上位であった山田選手の4位を筆頭に、見延和靖選手が10位、加納虹輝選手が21位、リザーブに回った宇山賢選手が15位だ。

フェンシング競技では、個人ランキング16位以内に入ると国際的な競技大会において予選免除の特例措置を受ける「ランカー」と称されるが、出場選手4名のうち、3選手がランカーであり、全員がベスト32位以内にいるというのは、それだけでも称賛されるべき結果だ。

そして、チームを牽引する見延選手は2018―2019シーズンの年間チャンピオンでもある。年間チャンピオンというのは、太田氏も選手時代に果たせなかった文字どおりの偉業だ。

日本ではどうしてもオリンピックの結果だけに報道や関心が集中しがちであるが、年間を通じた成績で世界一になることは、「強さ」の指標としてより適切であり、見延選手は紛れもなく強い選手であった。

図 26　日本チームの東京2020の結果に対する説明力 (R^2)

団体戦世界ランキング	0.2562
個人世界ランキング上位 3 名の平均で計算した国別順位	0.8759
個人ランキング最上位	0.6763
32 位以内選手数	0.9351

（出典：FIE のデータを元に筆者作成）

加えてワールドカップやグランプリなどの国際競技大会でも金メダルを獲得してきた。見延選手の5回が最多で、山田選手は2回、加納選手は1回。宇山選手は金メダルはないが、銅メダルを3回獲得。つまり、全員が強いチームだったのだ。

たしかに、オリピック出場をかけた1年間だけを見れば、団体戦の成績は8位だった。だが、個人のランキングの各国上位3名の平均値で比較すると、日本は世界一である。

サンプル数も少なく、これは統計による「遊び」でしかないが、日本から出場した5チームの東京オリンピックの団体戦の成績結果を説明する統計量（最小値0、最大値1）で評価すると、「団体戦ランキング」よりも、「個人ランキング上位3名の平均値による国別順位」のほうがはるかに説明力は高い。

また、面白いことに、個人ランキングのベスト32までの選手数（含むリザーブ4人の内、何人がベスト32以内にいるか）という単純な指標が、もっとも東京２０２０の団体戦の成績を説明できるという結果でもあった。個人競技力が高い選手を満遍なくチームに揃えていた男子エペチームには、十分な勝機があったといえるだろう。

エペという決闘にもっとも近い競技の特性

これまでの解説に納得される方もいる一方で、フェンシングは「個人」と「団体」の成績がそんなに違うのか、という疑問がわいてくる方もいるかもしれない。

フェンシングの団体戦は、各3人のチームが総当たりで行う9試合で構成される。各試合は第1ゲームが5ポイントまで取れる。次いで第2ゲームは10ポイント、第3ゲームは15ポイント、と上限が5ポイントずつ増え、最大45ポイント取ったほうが勝ちとなる「リレー方式」だ。

1試合の時間は実働3分で、時間が来ればポイントが上限に達していなくても終わりになる。

たとえば、2試合目が終わっても7対3ということがあり得るし、そこから第3試合で極めて強い選手が出てきて、一気に12ポイントを取り、第3試合終了時点で7対15という結果にもなる。

9つの試合の点数が合計されていく団体戦において、非常に重要なのがアンカーだ。リードしていれば勝ち切り、負けていれば高い得点力を発揮し逆転することが求められる。東京オリンピック大会では加納選手がこのアンカー役を務めていた。彼は個人戦のランキングでは一番順位が低いが、団体戦のアンカーとしては適している選手だった。

準々決勝のフランス戦でも最終回りに36対38で負けていた試合を一本勝負で逆転するなど、その役割をいかんなく果たした。

また、そのフランス戦があまりにも劇的であったためにあまり報道されないが、初戦の対アメリカ戦も加納選手の最終回りでの大量得点による逆転がもたらした勝利だった。

エペ種目はフェンシングのなかでももっとも複雑なゲームを要求される種目だと言われている。唯一「全身、頭の先からつま先まで、どこを突いてもポイントになる」種目のため、多様なスタイルや戦略が存在するからだ。トーナメントにおいてもランキング上強い選手が弱い選手に負ける、いわゆる「まぎれ」が多い種目としても知られている。

さらに団体戦は、さまざまなゲーム・スタイルを持つ選手が交互に対戦することにより、一段と複雑なゲームになる。団体戦では、点数状況に応じて攻撃的であったり、防御的に

図 27　各国個人世界ランキング上位3名の平均に基づく国別ランキングと団体戦の世界ランキング、東京2020の結果（男子エペ）

男子エペ	国別個人上位 3 名		
国・地域	個人順位	団体順位	2020 結果
日本	1	8	1
ロシア（同オリンピック委員会）	5	7	2
韓国	8	5	3
中国	6	6	4
フランス	4	1	5
ウクライナ	2	3	6
イタリア	3	2	7
スイス	9	4	8
アメリカ	7	9	9

（出典：公益社団法人 日本フェンシング協会資料および FIE のデータを元に筆者作成）

図 28　各国個人世界ランキング上位3名の平均に基づく国別ランキングと団体戦の世界ランキングの関係（男子エペ）

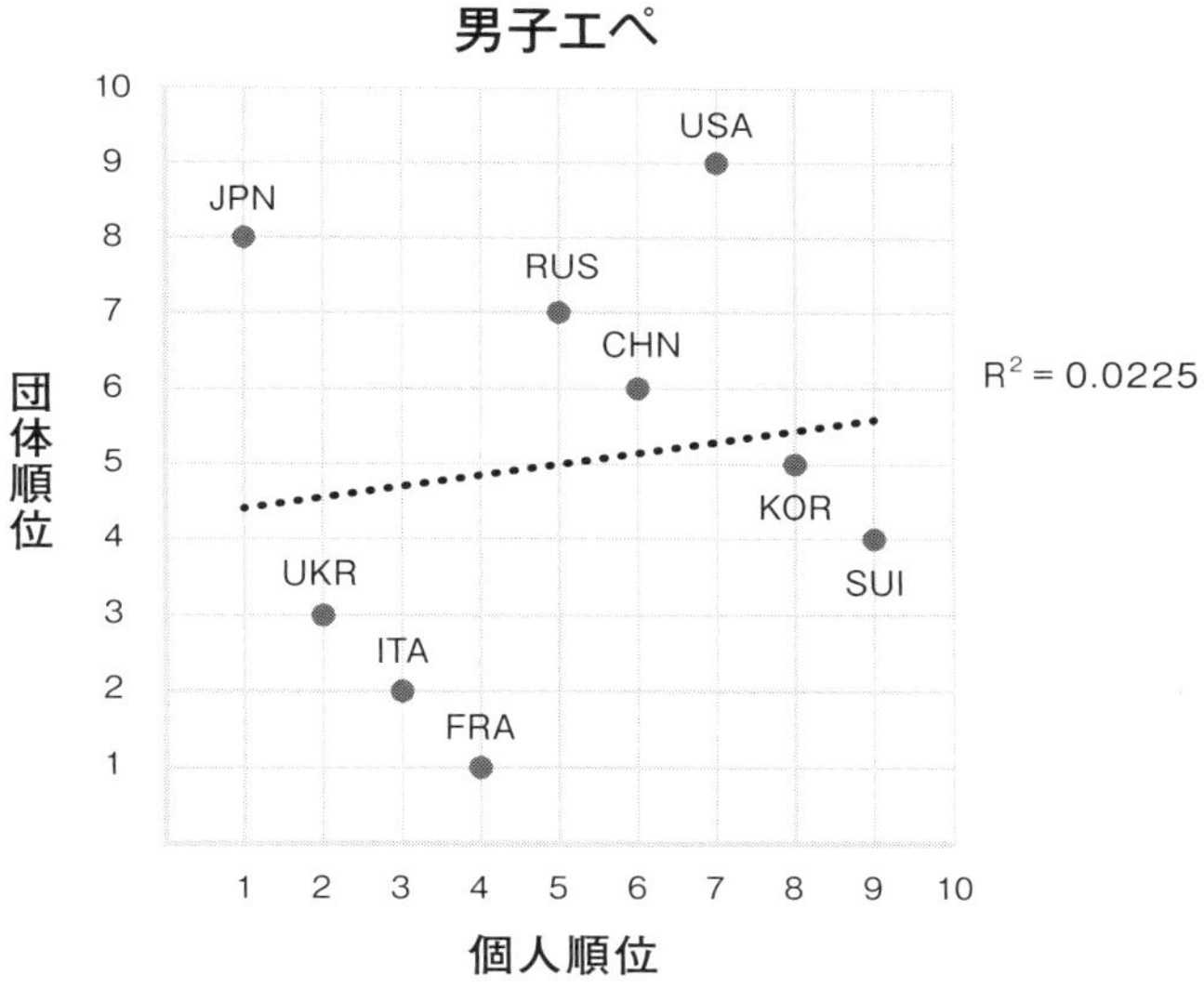

JPN　：日本
UKR　：ウクライナ
ITA　：イタリア
FRA　：フランス
RUS　：ロシア（同オリンピック委員会）
CHN　：中国
USA　：アメリカ
KOR　：韓国
SUI　：スイス

（出典：公益社団法人 日本フェンシング協会資料および FIE のデータを元に筆者作成）

なったりするなど、戦術的なクレバーさも求められる。

実際に「個人ランキング上位3名の平均値による国別順位」と「団体戦のランキング」を東京オリンピック大会出場チームに絞って順位をつくり直し、種目間で比較をしてみた。

結果は見てのとおり、東京2020オリンピックに出場した各国男子エペチームを対象として、「個人ランキング上位3名の平均値による国別順位」と「団体戦のランキング」の間の順位の相関はまったくない。

また、分析結果を掲載していないが、個人と団体の順位のいずれについても、東京2020オリンピック大会の結果と十分な相関が見て取れない。

これに対し、たとえば、男子フルーレを同様の観点で見ると、「個人ランキング上位3名の平均値による国別順位」と「団体戦のランキング」の相関は極めて高い。

サンプルが少ないので断言することは慎まなければならないが、本大会のデータを見る限り、フルーレ種目においては、団体戦で勝つためのスキルは個人戦で勝つためのスキルに近いと読むことができる。

また、東京オリンピック大会の結果も、事前のデータにおおむね見合った形となった。

図 29　各国個人世界ランキング上位3名の平均に基づく国別ランキングと団体戦の世界ランキングの関係（男子フルーレ）

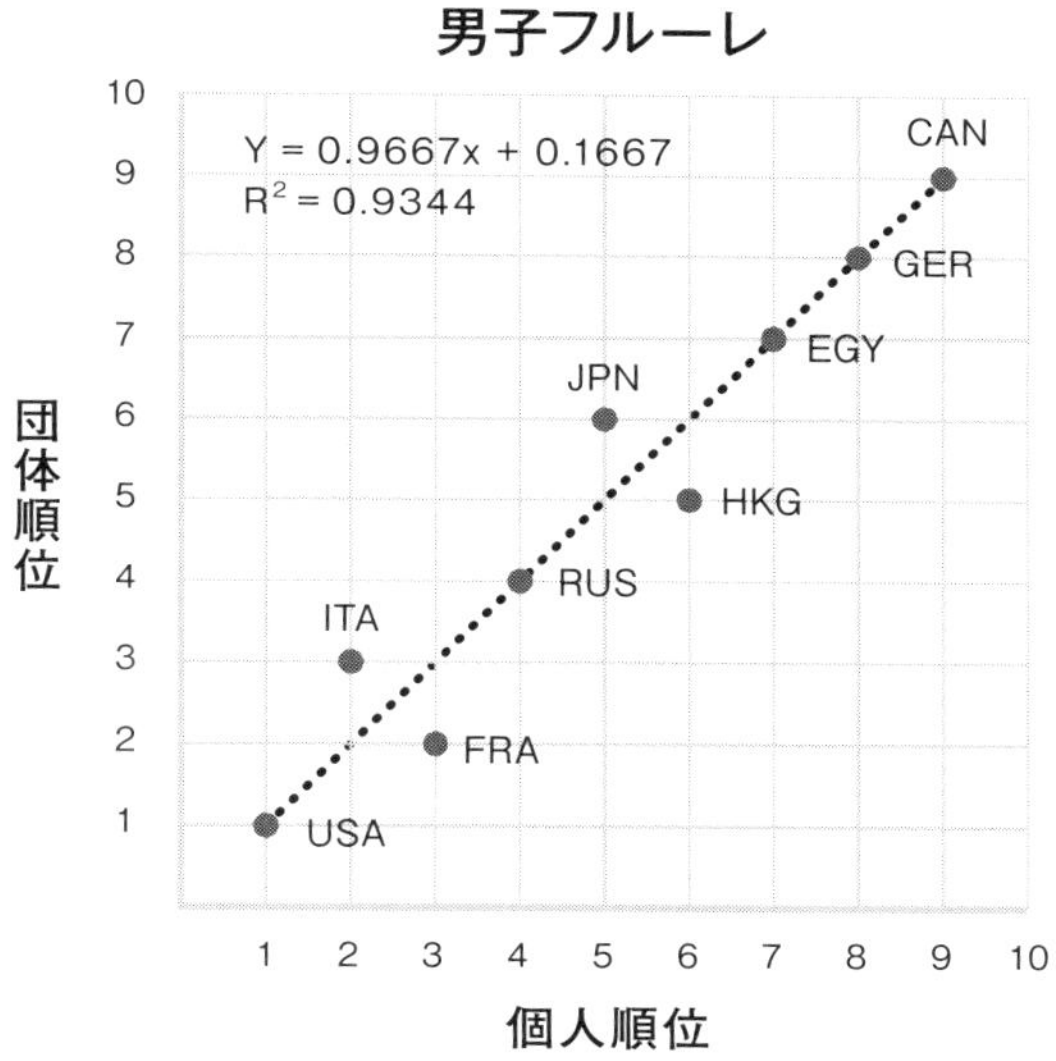

USA　：アメリカ
ITA　：イタリア
FRA　：フランス
RUS　：ロシア（同オリンピック委員会）
JPN　：日本
HKG　：香港
EGY　：エジプト
GER　：ドイツ
CAN　：カナダ

（出典：公益社団法人 日本フェンシング協会資料および FIE のデータを元に筆者作成）

図 30　団体戦の世界ランキングと東京2020の結果（男子フルーレ）

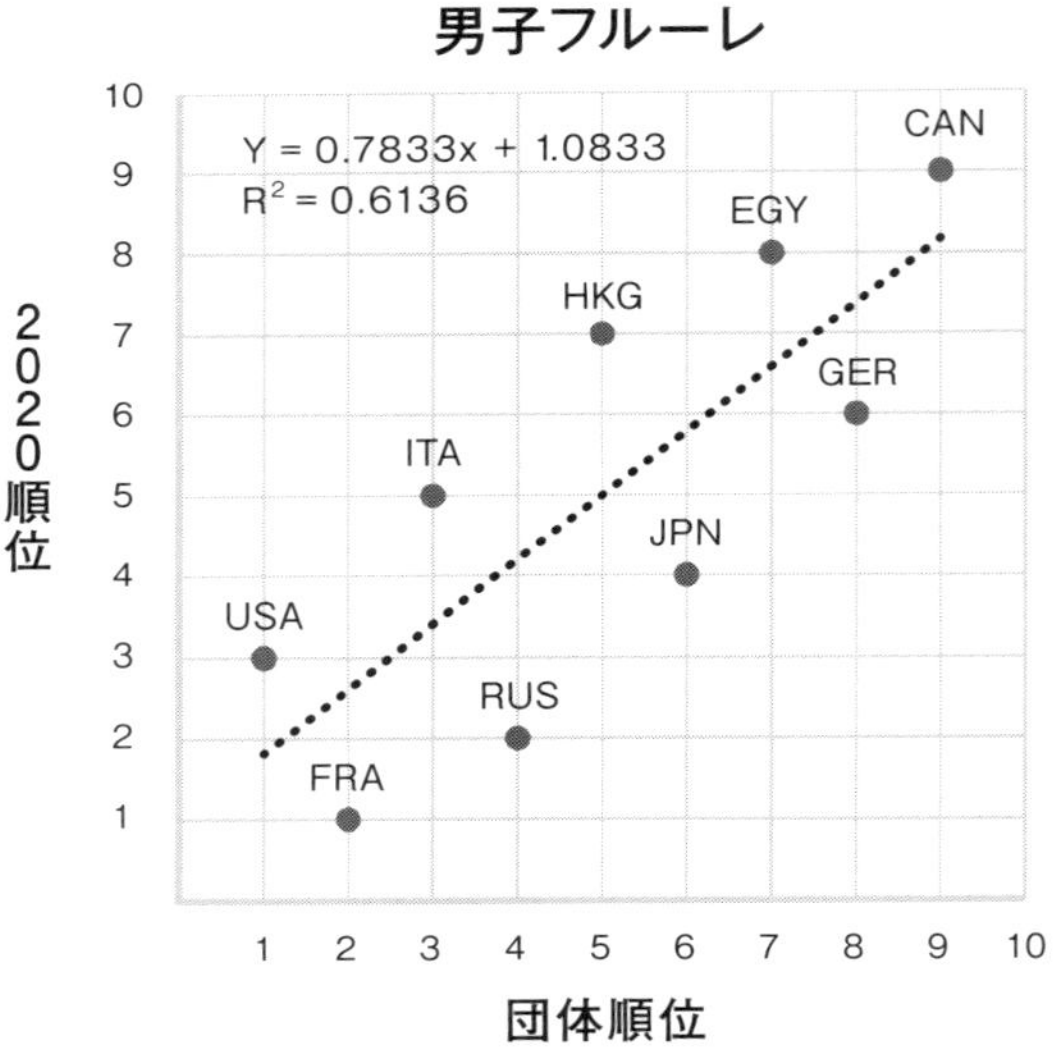

USA　：アメリカ
FRA　：フランス
ITA　：イタリア
RUS　：ロシア（同オリンピック委員会）
HKG　：香港
JPN　：日本
EGY　：エジプト
GER　：ドイツ
CAN　：カナダ

（出典：公益社団法人 日本フェンシング協会資料および FIE のデータを元に筆者作成）

図31　東京2020時の団体戦世界ランキング・ポイントの各種目の状況

団体戦世界ランキング・ポイント	女子エペ	男子サーブル	女子サーブル	男子フルーレ	女子フルーレ	男子エペ
1位	344	412	382	448	436	355
2位	338	320	308	344	364	304
3位	312	312	308	280	308	282
8位	212	223	228	213	203	230
1位と8位の差	132	189	154	235	233	125
3位と8位の差	100	89	80	67	105	52

（出典：公益社団法人 日本フェンシング協会および FIE のデータを元に筆者作成）

いずれにせよ、男子エペの結果には驚かされるばかりだ。「まぎれ」が多く、団体戦に特別なスキルを多く要求されるエペとはいえ、事前の1年間の個人戦の成績や団体戦の成績と、東京2020オリンピックの結果がほぼほぼ関係ないのだから。おそらく今回の特殊要因として、各国間のポイントが接近しているいわば「実力伯仲」の現状も関係しているだろう。

上の表は東京オリンピック大会直前の団体戦の世界ランキング・ポイントを、男子エペの日本がいた8位を基準として、1位および3位とのポイント差を種目別に見たものであるが、ご覧のとおり男子エペがいずれも最小値となっており、1位や3位のポイント数も低い。

これはあくまで1つの目安でしかないが、男子エペは、現状、相当程度実力伯仲となっており、もともと「まぎれ」の多い種目特性でもあることが、今回の結果につながったのかもしれない。

なお、本章の定量的分析については、長らくフェンシングの強化に関わってきた千葉洋平スポーツ・アナリストに確認等をしていただいた。感謝を申し上げたい。

「強さ」とは何か

東京オリンピック・パラリンピック大会が閉幕して間もない2021年9月13日、将棋界では大きなニュースが流れた。

藤井聡太二冠が豊島将之叡王（竜王を含め二冠）を破り、叡王位を奪取し、史上最年少19歳にして三冠を手にすることとなったのだ。

叡王戦は五番勝負で行われ、それまで2勝2敗で、この日が最終局である第五局までもつれ込んだ大一番での決着となった。第一局は7月25日に神田明神を舞台に行われており、オリンピック・パラリンピック大会と並行して、対局が進んでいた。

事前からこの対局が注目されていたのは、藤井三冠がデビュー以来29連勝を達成するなど、さまざまな記録を更新していたこともあるが、とくに今回の対戦相手である豊島叡王を「苦手」としていたこともある。

〔「相性」がなければ強さ順に並べることは可能だが・・〕

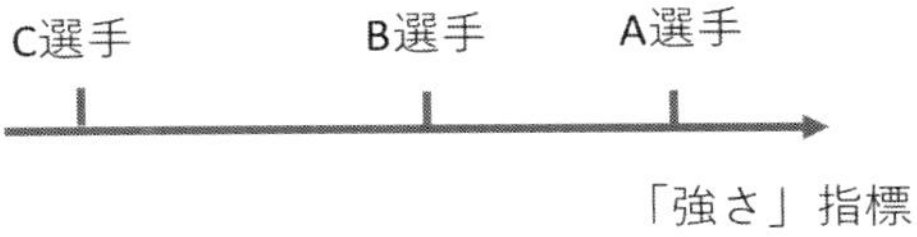

藤井三冠はデビュー以来、この叡王戦と直前に行われた防衛戦となる王位戦の前までは、なんと1勝6敗。勝率が8割を超える藤井三冠だが、豊島竜王が「最後の壁」として立ち塞がっており、すでに直前に行われた王位戦とともに、今回の叡王戦で豊島竜王が陥落すれば、いよいよ「藤井時代」が始まるとして注目されていた。

結局、王位戦を4勝1敗で防衛し、叡王戦を3勝2敗で奪取したことで「藤井時代」の開幕を印象付けたが、大きく挽回したとはいえ、叡王戦直後の通算成績は藤井三冠の8勝9敗と負け越している。

豊島竜王に対する苦手意識は大分払拭されてきたが、藤井三冠は渡辺名人には滅法強いことで知られている。同じく叡王戦直後で、藤井三冠の8勝1敗である。ところが、渡辺名人は豊島竜王に21勝14敗と大きく勝ち越しているのは興味深い。

つまり、この三棋士は、とくに王位戦開始前までは、複数のタイトルをそれぞれが保有する、いわば「三すくみ」状態であったといえるだろう。

はたして勝負事に「相性」はあるのか。

たとえば、藤井、豊島、渡辺の三棋士のように、互いに「得意な相手」と「不得意な相手」が存在するのだろうか。

きっと多くの人が「当たり前だ」「存在する」と言うだろう。

ところが、「三すくみ」を生み出す「相性」が存在すると認めるのは、「強さ」を「一次元のベクトル」で考えられないということ。

つまり、強い選手から弱い選手を一列に並べて表すことができないということである。「A選手はB選手よりも強い」、「B選手はC選手よりも強い」、であれば「A選手はC選手より強い」と考えがちであるが、それは正しいとは言えないということである。

思考実験としての「じゃんけんトーナメント」

ここでお尋ねしてみたい。

「じゃんけんのグー・チョキ・パーのなかで一番強いのは何でしょうか？」

どれも同じに決まっているじゃないか。そう答えるだろうか。

フェンシングと将棋はとても似ている。

それぞれ、2名の選手が相対する対人ゲームであり、とくにフルーレやサーブルのように「攻撃優先権」がある種目は、将棋が一手ずつ交互に指すことにも似ている。大きな競技会が、「トーナメント形式」で行われることも共通だ。

図33　トーナメントであれば「じゃんけん」の順位もつけてしまう

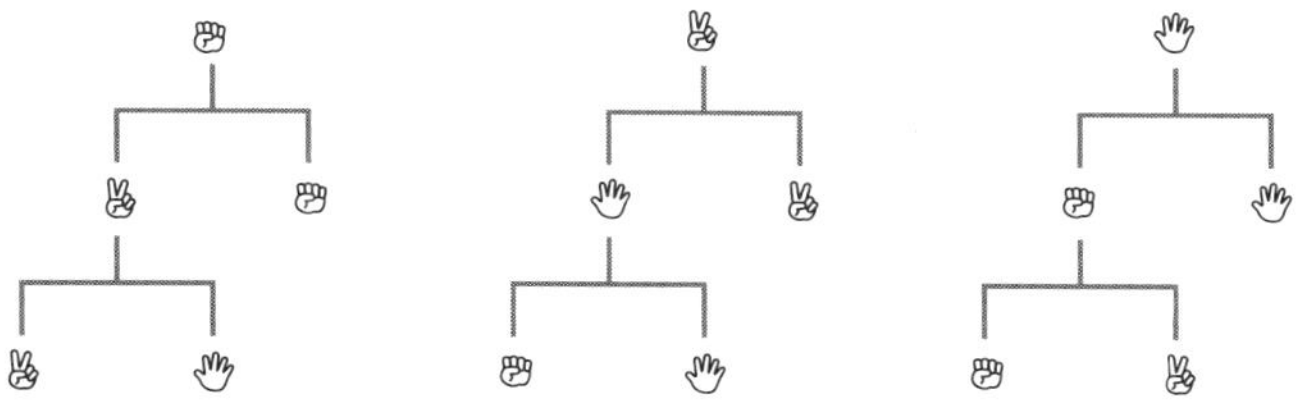

そして、唐突に例として挙げたじゃんけんも、トーナメントを行うと1位から3位までを決めることができる。

ここがトーナメント方式の利点であり、怖いところではないだろうか。

なぜならじゃんけんについては次の3パターンしかないからだ。

じゃんけんは「相性だけで決まるゲーム」だ。

総当たり戦でゲームをすれば、グーはチョキには勝てるがパーには勝てない。勝率は1勝1敗ずつ、勝率5割で横並びだ。

しかし、トーナメント方式であれば、順位がついてしまう。ただし、その結果は、どのような「当たり（試合の組み合わせ）」になるかにのみ依存することになる。じゃんけんの「強さ」は同じはずであるのに。

このトーナメントで「勝った人」は強いと呼べるのであろうか。

「五番勝負」「七番勝負」の意味

将棋では王位戦は七番勝負（先に4勝したほうが勝ち）、叡王戦は五番勝負（先に3勝したほうが勝ち）である。

ではなぜ、五番勝負、七番勝負といった複数の対局が必要なのか。昔から決まっていると言ってしまえば元も子もないが、不思議と言えば不思議だ。

たとえば、ゴルフは自然との闘いと言われるように、風や天気、地形の影響を受ける。運悪く突然の強風や落ちた斜面のボールの跳ね方で、結果が大きく変わることもある。だが、将棋であれば、地形や気候の有利不利などの外部環境が勝負に及ぼす影響はなさそうだ。

これは私の解釈だが、外部環境が原則として影響しない将棋においても「偶然性」が排除できないからではないだろうか。

藤井三冠の「読み」は傑出しており、とくに終盤で敵玉を詰めに行く力が勝利の原動力になっていると言われている。

しかし、その力も完璧ではない。

近年ではＡＩを用いた「評価値」や「勝率」が試合の放映中にも表示される。コンピュータは一定時間に数億手を読むとされているが、いずれにせよ終局までのすべてを見越して指すわけではなく、一定の時間に一定の先までの展開を考えることで次の一手を指す。勝敗の行方には偶然性が残存する。藤井三冠の勝率8割超えは驚異的とされるが、2割近くは負けるということでもある。

偶然性が少ないと考えられる将棋というゲームにおいてすら、「強さ」そのものが安定的ではなく、常に揺らぎ続けていると考えられる。

その意味では「強さ」は本来的に確率的な存在であり、だからこそ、将棋という歴史を経たゲームの勝者を決めるにあたっては、途中まではトーナメント形式だが、戴冠をかけた両者による最後の決勝戦では慎重を期し、五番あるいは七番といった複数の対局で決するのではないだろうか。

スポーツ競技団体における「強さ」とは何か

このように考えると、ゲーム性が高く、相性や偶然性が入り込む余地が大きいなかで行われるスポーツ競技において、トーナメントの結果はどんな意味をもつのか。

誤解しないでいただきたいのは、この議論はオリンピック、パラリンピックにおける金メダルの価値を引き下げたり、疑ったりするものではない。その賞賛はその結果に対して与えられるものだ。

私が考えたいのは、強化事業を行うスポーツ競技団体やその強化動向を評価することで補助金の配分比率を決める上位統括団体、行政が「強さ」を定義するにあたり、どのような尺度、指標がより適切であるかということだ。

私の個人的な意見だが、フェンシングは「ゲーム性」の高い競技スポーツの1つと考えており、戦績は考慮されるべき材料であるが、オリンピックのように、ある特定の競技会の結果にのみ大きく依存するのではなく、年間のランキングなど、複数の尺度をもって行うほうが望ましいと考えている。

また「強さ」についても、競技会の結果やランキングだけではなく、もっと深掘りをする試みも必要だと考える。

「強さ」を考えることは、「ゲーム性」の具体的な内容を考えることでもあり、強化の充実にも貢献するはずだ。

たとえば、ゲームにおけるスタイルや戦術パターン別にスキルの習熟度を評価できる尺度を考えることができれば、強化の目的として、ある選手により多くのスタイルや戦術を体系的に習得させることもできる。

これは、じゃんけんならば、グーしか出せなかった人がパーも出せるようになるということだ。また、相手によってグーを出すべきか、パーを出すべきかという「戦略判断」も新たに必要なスキルということになる。

フェンシングの団体戦は個人戦以上に「ゲーム性」の高い種目だということも述べた。団体の選手選定やスキル向上に必要な事柄についての十分な理解、言語化・体系化・指標化はまだこれからの課題と言ってよいだろう。

強化事業を行うスポーツ競技団体や、その強化動向を評価し、行政面からのサポートを行う上位統括団体、行政にとって、「強さ」の指標は、未来に向かっての行動指針を定めるための重要な意味合いを有する。

だからこそ、限られた過去の結果の評価にのみとどまることなく、常に新しい知見と研究を取り入れ、進化させるべきではないだろうか。

対談

宮脇信介×太田雄貴

厳しい局面では「やりたくないほうを選ぶ」

――太田会長、宮脇専務理事体制での4年を振り返って。あらためてお2人の役割はどのように分かれ、お互いをどう見ていたのでしょうか？

太田　基本的に「こんなことをやりたい」とアクションの「切り口」を言うのが僕の役目でした。あるときはPerfumeやサカナクションのライブを見て、また別のときにはパリのポンピドゥー・センターの博物館へ行き、「これはいい」と思うものを見るたび「こんなことをやってみたい」と。宮脇さんとは毎週必ず定例ミーティングを行っていたので、そこで提案すると、宮脇さんが抽象化、具体化して論点を分けてくださる。協会活動としての意義付けを決めて、ここは事務局で対応できるけれど、ここは太田会長が動かないといけない、ここは僕が動きますと実務を遂行させるための要件定義が長けている方なので、僕のアイデアを具体化することができました。実はこういう作業ができる競技団体というのは少なく、ほとんどの場合がトップにアイデアがない、アイデアはあっても実務に落とせないという課題があるなか、絵に描いた餅にするのではなく、具現化してくれる。ある意味理想的な関係でした。

宮脇　しかも、それをビジネスとして回さなきゃいけないわけですから。アイデアをアイデアのまま終わらせるのではなく具体化させ、なおかつビジネスとして回していく。要件定義は重要でした。

太田　さらに言うならば、何かをすることは難しいですが、それを継続することはさらに難しい。協賛企業からみても、ワンショットでお金を出すことはできても、毎年それを予算として通すためには役員会も通さなければならないし、上場企業であれば株主に対する説明責任もあります。いかに納得してもらえるか、ということが非常に重要でした。

――本書では、太田会長の就任時についても触れられています

太田　いま思えばなかなかのスタートでした。僕にとっては初めて出た理事会で、いきなり会長就任でしたから（笑）。

宮脇　あの状況で、よく引き受けましたね。

太田　僕の良い癖なのか悪い癖なのか、小さい頃から困ったら苦しいほうを選ぶ。その結果、成功体験を積んできたので、やらないほうが楽だという選択ではなく、ああいう局面ではやりたくないほうを選ぶ。でも、あのとき引き受ける決断をしなかったら、今日のフェンシングはなかったかもしれません。

宮脇　それは間違いない。僕も太田会長でなければ専務理事を引き受けること自体ありえ

ませんでした。

――太田さんは、ご自身が会長となり、宮脇さんに専務理事を依頼した理由を聞かせてください

太田　信頼している方たちから、スポーツ競技団体の運営の肝は、専務理事、事務局長、強化本部長。この3つだと教えられました。ならば、この3つのポジションはほかの競技団体にも胸を張れるような方たちを選ぼうと思いました。しかし、当時の僕はフェンシング選手を終えたばかりの小僧で、ファイナンスもわからない。それができる人は宮脇さんしかいないと思いました。宮脇さんには申し訳ないですが、短期決戦。2期4年でやりましょうとお願いして、一気に前へ進めようという気持ちでした。

宮脇　妻も娘も、太田さんに説得していただきましたね。

太田　振り返れば唯一、（娘で次女、日本代表選手の）花綸には申し訳なかったです。どんな選手選考をしても、たとえ、彼女が圧倒的な成績を残して選出されていたとしても、専務理事の娘だからという人は出てくる。本来言われる必要のない目線を向けられるかもしれないという面では非常に申し訳なかったです。

宮脇　そういう事情もあり、僕は強化に一切タッチしない、というのを明確にしてきました。思えば、太田さんとは全然違うバックボーンでありながら、ぶつかることはありませ

んでした。

太田　僕は100％リスペクトしていますから。

宮脇　僕もそうです。太田会長は二面性がある方ですよね。つくる人であり壊す人でもある。

太田　壊していましたか？（笑）

宮脇　非連続な変化を与えるという意味では、既存のものを壊していたと思いますよ。でも、壊すことができる人は限られるので、壊すほうは任せて一緒につくっていくのが自分の役目だと考えていました。

太田　そう言われると、無邪気に壊すことを心がけていたかもしれません。協会にとっていいものだったら残すし、そうじゃなければ壊す。

宮脇　2期4年という明確な期限があったのもよかったと思います。とくに前半は執行部が4人だけ。後半は継続的な組織に変えるためにどうするかということを考えて取り組んできました。でも、1期目の執行部が4人だけというのはかなり思い切った体制だったと思いますが、逆によかった面も多くありました。

太田　スリムでよかったと思いますし、僕はどちらが楽しかったかと言えば最初の2年のほうが楽しかった。少人数である分、意思決定が速く、責任の所在が明確になるのでとてもやりやすくもありました。もちろん、良し悪しもあり、意思決定が速い分、ほかの理事からは議論が十分にされていないのではないかとか、説明責任を果たしていないと思われたこともあったはずです。僕は行きつくところ、トップの仕事は結果責任だと思うタイプですが、日本は議論を尽くして「皆さんいいですね」と承諾してもらう。そういうプロセスを踏み、最後は多数決で選ぶことがガバナンスだと思われている方も多いと思います。そのようななかで、僕がパパパッと決めてしまうのを、よくないと思う人も一定数はいたでしょうね。

宮脇　スピード感は間違いなくありました。毎日何かを決めて、やってみて、ダメだと思えば変えていく。まさにベンチャーのような感じでしたし、そうじゃなければ進んでいけなかった。「そのままでいい」ではなく、変化や改革を進めるなかで多数決ばかりでは変えられないという現実がある。でも、僕自身は、ビジネス感覚でどんどん物事を変えて進めていくのは楽しかったですし、成果は感じています。

互いの得意を活かし、不得意をカバーする

太田　僕は大胆と見られがちですが、こう見えてしっかり根回しをするタイプで、調整す

るのが得意なんです。起こり得る何歩か先のハレーションを特定して、ここはブルドーザー的に突破できる壁なのか、できない壁なのかを把握する。厳しそうだったら先回りする、ということを懇切丁寧にやってきたつもりです。本来、必要ないことだと思いますが、ガバナンスや合意形成の仕方が日本はかなり特徴的なので、事前調整をどれだけ速やかにできるかというのも重要でした。

宮脇　体育会的なあり方については、自分の得意とするところではなくて、その辺りに関しては太田さんに任せてしまった面が大きかった。そのうえで、どう進むのがいいか、手順を決め、取り組んでいく。自分は経営がチームとして同調して機能し、全体として回っていくようにバランスもとりながら、曲芸のように前に進んできた印象です。

太田　曲芸という表現が一番ぴったりくる気がします。僕は会長として結果責任を取る覚悟は常にあり、宮脇さんの性格を理解したうえでお互いリスペクトがあったと思っているので、ブレることはありませんでした。そもそもお互い得意なことがあるように、不得意な部分は本当に不得意で、お互い苦手な分野もカバーしていたと思います。

宮脇　1人でやっていくのは難しいですよね。

太田　無理です。到底無理です（笑）。

宮脇　太田さんはエネルギーもあるし、ポテンシャルもあるけれど、当時は実務的な経験がなかった。得意なところは任せればいいし、できないところは基本的に僕の得意分野でもあったので、そこは自分がやろうと基本的な方向性が同じだった。たとえば、われわれが取り組んできた1つに、「アスリート・フューチャー・ファースト」があります。たぶん太田さんは選手目線で考える面が強いと思うのですが、僕の場合は選手の親としての目線がすごくあった。自分が娘のことを心配するように、あらゆる選手のお父さん、お母さんが心配していると思うと、すべての選手に幸せになってほしいなと心から思いましたね。

太田　英語教育のみならず、今後、協会、スポーツ界、僕自身もＩＯＣの一員として日本の選手たちのキャリアを考えるのは必須であり、コロナ禍でオンラインが当たり前になったいま、中高生に向けても積極的に展開すべきだと思います。選手からしてみれば、会ったことがない人、見たことがないところ、行ったことがない社会は恐怖でしかない。でも、不安に感じるばかりでなく、こういうことができる、できればいいと示すべきだし、人間力という言葉だけでなく、人間教育をどうするか。実際にカリキュラムを組んで、中学生、高校生、大学生向けに実施する機会が絶対的に必要だと思います。僕はＪＯＣのアスリート委員の担当理事になるので、フェンシングに限らず、いろいろな競技の選手たちと積極的な取り組みをしていきたいと思っています。

五輪招致は戦略か、転機か

宮脇　少し話は変わりますが、本書を書き進めるなか、時系列の経緯を見てあらためて思ったのですが、2012年のロンドン五輪を終えてから間もなく、東京五輪の招致にものすごいエネルギーを使っていますよね。あれは結構戦略的だなと思っているのですが、実際どうでしたか?

太田　いやいや、全然戦略的ではないです（笑）。いまだから言えることですが、本当はロンドンオリンピックで現役を辞めようと思っていたんです。ロンドンまで死ぬほど練習して、死ぬ気で取り組んでも金メダルには届かなかった。（残り1秒で同点とし、サドンデスの末に1本勝負で勝利した準決勝の）ドイツ戦に象徴されるように、チームメイトや神様に勝たせてもらったような試合をしても、決勝ではイタリアに届かなかったという思いがものすごく強くて、ここで最後だなと思ったんです。自分のなかではもう引退だと思っていたから、この先、いままでとは違うキャリアデザインをつくるためには越境しなきゃ、といろいろな方々に会い、GREEの田中良和さんや、ビズリーチ（当時）の南壮一郎さんと懇意にしていただきました。そのような折、招致委員会から、アスリートである自分に「東京五輪招致のアンバサダーになってほしい」とお誘いを受けたのです。そして、そのなかから最終的に1人はスピーチをしてもらうと聞き、まさかそれが自分になるなど思いもしませんでしたし、最初はアンバサダーを受けること自体あまり乗り気ではありませんでした。でも、ロンドンオリンピックを終え、やりたいこともなかったし、いつか海外で生活をしたいと思って英語の勉強をするくらいだったので、それならばという気持ちで引き受けました。

宮脇　結果的にスピーチもした。

太田　自分のなかで何より大きかったのは、招致に携わるなか、裏で働く人たちの力を見られたことです。僕たちプレゼンターは、スポーツ選手と同じように、用意された舞台で最高のパフォーマンスをする「演者」でした。最高の準備をして挑みましたが、招致成功の大きな構成要素はプレゼンではなく、それまでに、表に出ないところで計画や交渉などをしていた方々です。そういった裏方さんの仕事ぶりを見ることができたことが、のちの自分の考え方に大きく影響したと思います。結果的に東京オリンピックが決まり、帰国してからはスピーチをした僕や、滝川クリステルさんをスーパースターのように扱っていただきましたが、僕には違和感しかなかった。実際、勝負はスピーチの前に決まっている。最後の最後で行う僕たちのスピーチが投票に大きく影響しないということはよくわかっていましたから。その日から一切、招致に関係する取材は受けない、テレビにも出ないと決めたんです。

宮脇　あの時期、太田さんはフェンシングという競技だけでなく、〝社会〟に顔を向けていた時期だったのではないでしょうか。

太田　それはオリンピックでメダルを獲ったということもあります。世界選手権で優勝すればフェンシング界のすごい人、でも、オリンピックでメダルを獲ると競技を超えてスポーツの人、オリンピックの人になるので、一気に競技を越境する。そして、招致活動に関わったことで、スポーツを越境して社会に広がったと思います。そうなれば必然的に出会う人や仕事をする人も変わる。自分のなかでいくつかのブーストが人生にあるとすれば、ロンドンの団体で銀メダルを獲ったときも大きかったですが、オリンピック招致のときはもっとすごかった。そのとき、つくる側も面白いなと思ったんです。

宮脇　視野も変わりましたか？

太田　たしかに変わりましたが、注目を浴びて輝きが強ければ強いほど中毒性も強いように、僕もオリンピック招致という強い光を浴びて、その反動もきつかったです。あんなに興奮する場所はそうないですから。当時はまだ現役選手でありながら、これ以上の感動に今後出会えることはないかもしれないと思うと急に虚しくなりました。強すぎる光を浴びすぎた反動、いわゆる金メダルを獲った選手に起こる燃え尽き症候群のように、オリンピック招致からしばらくの間は心が燃えなかった。その直後にＦＩＥのアスリート委員の選挙で勝ち、国際連盟の理事になった。翌年の２０１５年に世界選手権で優勝して、２０１６年のリオ五輪で引退したのですが、２０１３年からはたしかに毎年大きな変化が起こりましたが、自分のなかではかなり苦しい時期でもありました。

ショーケース化した全日本選手権。プロトタイプは意外な大会

宮脇　その面から言えば、会長になって全日本選手権に注力するとき、太田さんはつくる喜びを感じて取り組んでいるなと一緒にやりながら常に思っていました。だから、大会づくりに関していかに太田さんが思い通り自由にできる環境がつくれるか、というのは１つの大きなテーマでした。

太田　そうかもしれませんね。消費する喜びとつくる喜び、僕はそれまで消費する側にいたので、オリンピックやいろんな大会をつくる喜びを味わいたいという思いはありました。どうすれば自分の描く大会がつくれるだろう、と考えたとき、実は原点にあったのが小学

生を対象とする太田雄貴杯でした。北京でメダルを獲った後、森永製菓に入る前に会社の方から「入社したら何をしてほしいですか？」と聞かれ、当時の僕は「小学生を対象とした大会をやりたいです」と言ったらしいんです。実際入社して、「さあ、つくろう」と翌年から太田雄貴杯が始まり、実際会場へ行ったとき、設置されたＬＥＤや音楽、雰囲気を見て「小学生の大会でもプロのスタッフが大会をつくると、ここまでできるんだ」と感動したんです。最初の年から3回目くらいまでは、プロの業者さんに運営もお任せしていたのですが、4回目くらいから「どうやればできるんだろう」と興味をもち始めた。思えばそこがスタートでした。

宮脇　太田雄貴杯が一種のプロトタイプだった、ということですね。

太田　そのとおりです。太田雄貴杯が全日本につながったように、遡れば池田めぐみさんたちとフェンシングのアスリート委員会をつくろうとＪＩＳＳ（国立スポーツ科学センター）の周りのゴミ拾いなど社会貢献的な活動をしてきて、そこからいつのまにか国際連盟のアスリート委員になり、いつしかＩＯＣまで行っちゃった。そして、太田雄貴杯から全日本選手権、全部つながっているんです。選手のうちにどれだけ種をまけるかというのは非常に重要なので、選手には練習拠点であるＪＩＳＳやＮＴＣだけの生活ではなく、さまざまなサードプレイスをつくって、いろいろなところに越境してほしい。これはスポーツ選手だから、サラリーマンだからではなく共通の課題だと思います。

宮脇　選手にもそういう気持ちがシェアされるといいですね。日本では、まだアスリートはスポーツだけやっていればいい、そこで結果を出せばいい、という発想も残念ながら強いですから。そういうなかで協会として、全日本選手権をショーケース化したことにも意味があると思います。フェンシング協会としての理念を打ち出し、強さも大事だけれど感動を与えたい。じゃあ、感動を与えるとはどういうことか、と具現化するなかにさまざまなイノベーションが放り込まれ、なおかつ財政的にも均衡したイベントとして成功させた。太田雄貴杯でパーツの組み方を学んだとはいえ、またまったく違う形で面白いものを組み入れて、協会としても大会が大きな宣伝になり、年間スポンサーを集めるようなショーケースとして機能したというのはとても大きいと思います。

太田　そうですね。顧客が誰なのかという設定が、いままでは完全に選手のためだけの全日本選手権でしたが、ファンのための全日本選手権にしなければならないとシフトチェンジした。前提として、お客さんが入らないことを常識化しているメンタルをどう変えるかと考えたとき、僕は一夜城を立てるしかないと思ったんです。実際に２０１７年の全日本選手権から「景色を変えよう」と、宮脇さんと僕を含めた数名のメンバーで新しい大会をつくろうと考え、まず朝から晩まで試合会場にずっといることを強いられるのはきついと、それまでの開催方式を疑うことから始めました。そもそも観客目線で考えたとき、どこが見たいかと言えば、やはり決勝です。だったら極端な話「決勝だけ見られればいい」と思う人も多いわけだから、いっそのこと決勝戦おまかせパックにしてみたらどうだろうと。

実際に17年は駒沢で予選は予選で行い、全種目の決勝戦を1日で実施した。そこからスタートしたんですが、なぜそこまでこだわったのかというと、僕はオリンピックの会場を満杯にしたかったんです。そうすれば招致した人間の1人としても嬉しいし、日本の方々にフェンシングをたくさん見てもらえることにもつながる。会長になった頃、同じことを話しても「フェンシングに客など入るわけない」と言われたこともあります。でも、そういう言葉もエネルギーになって「見てろよ」と思ったし、実際全日本選手権が満員になったころから潮目がガラッと変わった。最初は決勝だけ同じ日にするからスケジュールを変えると提案しても「そんなの無理だよ」と反対意見が多かったのに、いまでは決勝まで1カ月空こうと、屋外開催になろうと当たり前のこととして対応してくれる。変えることを常識にしてフレキシブルに、そのときのベストをチョイスする大会でありましょうというコンセプトにしてしまうと、もはや何とも思わない。見ているほうも「フェンシングならそれもあるだろう」と捉えてくれるようになったのはありがたいです。ただ、だからといってこのまま毎年すべてを変えるやり方では限界も来るので、人が変わっても仕組み自体は変わらないパッケージをつくらないといけない。劇団四季のように演者は変わってもパッケージは不動というスタイルになるべく、そろそろ定めていく時期でもあると感じています。

宮脇　組織としては間違いなくそうしなければなりませんね。そういう意味では2020年の全日本選手権はコロナ禍での大会で、すべて手探りでしたが、あれも1つ、大きな成果だったのではないでしょうか。他競技を含め、全日本選手権の開催としては極めて早い時期であるなか、目標は少なくとも2つあった。1つは無観客だからこそできる映像を追求した大会にしようということ。そして、もう1つはいかに安全、安心な大会ができるか。前者は太田会長に任せ、後者は自分が引き受ける。医学委員会委員長の土肥美智子先生がいてくださったので、大会会場である駒沢の競技場を臨時の診療所にすることで、その場での検査が可能になりました。映像でも医学的な面でも非常に質の高い大会が実現できたという自負はあります。

太田　正直に言うと、僕はコロナ対応についてはそこまで長けていないので、情熱が注げないんです（笑）。医療面で全面的なご協力をいただいたキャピタルメディカ社に友人がいたので、コロナ対策を担っていただくための契約を取るまでは僕がやるので、あとは皆さんでお願いします、と。自分が不得意な分野は、完全にお任せでした。

宮脇　なるほど（笑）。だからこそこういう体制になっていたんだと、あらためて思います。

短期決戦だからこそできる組織運営

――フェンシングを可視化するという点で、太田さんの肝入りでもあった「フェンシング・ビジュアライズド」も、打ち出すのはテクノロジーではなく、理念を共有するための手段。あらためて、さまざまな取り組みの背景が本書でも語られていました

太田　おっしゃるとおり、テクノロジーは手段です。重要なのは感動体験を提供できるように、よりわかりやすく、誰でもスポーツを見られるよう提案していくことだと思っていました。

宮脇　その発想はビジネスも同じで、イノベーションにおいて、テクノロジーやスキルは、あくまで手段であって、大切なのは何を実現したいのか。新しい体制がスタートして最初に理念を立てたのはとてもいい選択だったし、必要なことでした。

太田　今後も展開していけたらいいなと思いますし、個人的にはフェンシングでやるべきことは1つ終えたと思っているので、これからはハンドボールやアーバン・スポーツなど、さまざまな競技にフェンシングで取り組んできたことを横に展開してこそ、初めて価値が

生じると思っています。競技の魅力を伝え、感動体験を提供する、共有するためにテクノロジーを使うことで掛け算になりますし、持っている原石があれば、大きなインパクトにつながるはずです。

――会長、専務理事としてチャレンジし、成し遂げた功績が大きい分、もっと長く会長、専務理事として臨んでもいいのではないか、4年で辞めてしまうのはもったいない、と思う人もいるかもしれません

太田　どんなに若くエネルギーに溢れた人でも、清廉潔白な人でも、1人の人が長く続けるとやっぱり澱むというのが僕の考え方です。たとえ、僕と宮脇さんが相当クリーンにやっていたとしても、思考の偏りは必ずあるはずなので、勇気をもって次の世代にボールを渡すことが重要だと思いました。これはフェンシング協会に限らず、どんな組織も同じではないでしょうか。僕が会長になった当初は「お前に何ができるんだ」とさんざん言われましたが、1年経つと「もう10年続けてくれ」とガラッと変わった（笑）。やろうと思えばできたのかもしれませんが、僕は長くやるよりも期間を定めてその間精いっぱい頑張る、というほうが性に合っているし、ここまでできたからあと2年、さらに2年、というやり方はつらい。バチッと期間を決めて臨むほうが僕には合っていましたが、宮脇さんはどうですか？

宮脇　僕も同感です。理由は3つ。まず、太田さんが言ったなかで、もっともだと思ったのが、コロナ禍で世界ジュニア、世界カデというアンダーカテゴリーの大会に選手を送るかどうか、議論になったときのことです。さまざまなリスクへの配慮をもっとも優先をすべきである立場だったにもかかわらず、何とか選手を派遣できないか、という方向で考えている自分に気がついたんです。実際、その直後にシニアカテゴリーの大会が海外であり、出場した選手のなかからコロナ陽性者が出て、選手が現地に残ることになった。そういう問題が予見できたにもかかわらず、アンダーカテゴリーの選手たちを行かせるのは危険だ、ではなく、何とか行かせてあげたいと思う自分がいた。マインドセットがいかに変化していたかに気づき、ハッとさせられました。4年という任期のなかでスポーツ競技団体に対する理解は深まる一方で、自分の軸自体が動いてしまっていることを痛感しました。長くやるというのは、少なからぬリスクもあると、そのときに思いました。そしてもうひとつ、スポーツ庁が立てたガバナンスコードでも、任期の制限が定められています。日本の企業でも経営陣やトップが長く君臨する会社もありますが、外部環境の変化が早い今は、タイミングよく引き継ぐことがとても重要です。われわれが十分に上手くできたかといえば難しいところですが、後半の2年間は組織を変えることに注力してきました。組織を継続して回していくためには、引き継げる組織体制にしておくことが重要ではないかと思いました。そして3つ目。これは非常に残念なことですが、私たちが会長、専務理事になった当初と変わらず、日本の競技団体の多くが無給で働くのが当たり前という状況を脱却できていません。日本のスポーツ競技団体が安定的に運営できるように、そういう意味でも基本的な制度設計の改善をしなければならないと思っていましたが、それは、われわれが4年間やってきてもできなかったことのひとつでもあります。フェンシングにとどまらず各スポーツ競技団体を良くしていくために基本的な制度設計を変更するのは不可欠ですし、これからは、われわれは立場を変えてもっと声を上げていく責任があると思います。

太田　今回、東京オリンピックでフェンシングは男子エペ団体が金メダルを獲ることができました。でも、僕の基本的な考えとして、勝った、負けたというのは握れない運命で、それを議論するだけ無駄だろうと。勝つチームをつくるのではなく、勝ちやすい環境をつくることが重要だと思いますし、いいコーチを雇うのではなく、いいコーチを雇える状態をつくっておくことのほうがすごく重要です。金メダルはもちろん喜ばしいことではありますが、そこに流されてしまうと正しい経営判断はできないのではないかと。

宮脇　われわれのロジックからいくと、感動を生み出すために強さは必要条件ではあります。そういう意味で金メダルを獲るのは強さを示す1つのエビデンスにはなるかもしれませんが、それが目標ではありません。協会として強い選手を生み出すような環境、継続的に生み出され、しかも続けられる環境をつくっていく。そういう責任があると思ってやってきました。

求められる〝継続〟と〝変化〟

――あらためて会長、専務理事としての4年を振り返り、お互いの存在とは？

太田　僕は楽しかったです。ありがとうございました。でも、僕は多くのことを成し遂げられたという思い以上に、できなかったことに目がいってしまうタイプなので、達成度は30％くらいだと思っています。もっとやれたことがあったと思うし、協会から「お金がない」という話が出るたびに、僕らがそれに見合うものができていなかったと思ってしまいます。いま、武井壮さんが会長になり、本当に一生懸命取り組んでくださっていて、誰でも気軽にフェンシングを始めることができる環境をつくりたいと尽力されていますが、それも本来はわれわれが自治体連携も含め、もっとやらなきゃいけなかったことがあっただろうと。志は高く、4年という時間軸のなかでかなりいろんなことはやってきたと思ってはいますが、まだまだ足りない。でも、僕個人は宮脇さんから多くのことを学ばせていただいたので、宮脇さんには本当に感謝しかありません。

宮脇　いやいや、こちらこそ。私も太田会長じゃなかったら引き受けなかったですし、1人だけで行かせるわけにはいかないと思っていました。

太田　それは無理ですよ。毎回「今日も負け試合か」と思いながら1人で合戦に行くようなものですから（笑）。

宮脇　新しい景色が見えるだろう、素敵な体験ができるだろうなと思い、本当にそういう経験をさせていただきました。大変でしたが（笑）。4年間を1つの実験と捉え、自分がもっている経営に対する理解と、太田会長がもっていた特殊な能力と掛け合わせる。周りの方々からは「成功しましたね」と言っていただくことが多いのですが、逆に言えば、解決可能と考えられる課題に選択的に取り組んだ。その解釈が正しいと思いますし、できなかったことが山ほどある。たとえば、先ほども言ったように、基本的な制度設計の改善に関してはまったく手がつけられなかった反省があります。不安定なスポーツ競技団体の経営を続けていかなければならないことは変わらず、東京2020も終わってしまったこれから、いろいろな意味で逆風が吹くなかで経営をバトンタッチしなければいけなくなったことも申し訳なく思っています。ただ、仕組み自体は少しずつでき始めていると思うので、バトンタッチしていくなかでまた多くのことが試され、その積み重ねでより良い姿になっていけばという思いもあります。

太田　時間をかけたほうがいいものと、かけずにいっていいもの。2つありますよね。（アルペンスキーの）皆川賢太郎さんが以前仰っていたのですが「ワインが口に入るまでに何年の時間を経ているのか」と。ワインをつくるためにまず土を育て、木を育て、ぶどうを収穫する。でも、そこからワインになって私たちの口に入るまで、ボトルに入れて家で何年も眠ることも考えれば膨大な時間がかかります。そう考えると選手が強くなるのも、協会が組織としてよくなっていくのも同様で、何年もかかるものだと思うし、一気に進めて変えられるものばかりではない。難しさはあります。

宮脇　男子フルーレの銀メダル、エペの金メダルにも十年単位の時間がかかっています。

太田　僕が北京でメダルを獲って13年経つのですが、今回、エペで金メダルを獲った加納虹輝がフェンシングを始めたのは、僕がメダルを獲ったのを見てからです。それがまさにオリンピックの良さで、当たり前のハードルを下げてくれるんですよね。僕がメダルを獲るまでは、日本人がオリンピックのフェンシングでメダルを獲るなんて誰も想像しなかった。獲りたい、と思っていても獲れないとどこかで思っていたんです。でも、虹輝のように、幼少期にフェンシング選手がメダルを獲る姿をテレビで見ると「僕も獲りたい！」と思うし、太田雄貴杯に出場した小学生たちも「太田さんが獲れなかった金を獲ります！」と普通に言うんですよ。獲れるもんなら獲ってみろと思いますけど（笑）、それが思えるか、思えないかというのはめちゃくちゃ重要。ロンドンの団体で獲った銀メダルは奇跡に奇跡を重ねた銀メダルでしたが、東京で男子エペが獲った金メダルは実力で獲ったものです。その金メダルを見て、来年の春、小学校や中学校、高校からフェンシングを始める子は、金メダルをベースに物事を考える。それが重なっていくことが、当たり前のようにメダルを獲る組織になっていくのではないかと思います。

宮脇　諸先輩から環境を引き継ぎ、10年以上かけてつくってきた地盤が結果につながるように、いまいる体制で終わりというのではなく、いかに次へいい環境をつなげられるかというのは組織としても重要です。ビジネス的側面では、さまざまな企業の失敗や成功のケース・スタディーがあるなか、スポーツ競技団体のケース・スタディーがなかった。そのために1つ、われわれがやってきたことを残せればというのが本書を書こうという出発点で、成功談を書くつもりはまったくありませんでした。むしろこうして形に残し、共有する。お金も人材もなく、リソースに制約が大きいなか、無意識に行動を縛っている常識を取り外せばいろいろなことができるはずです。われわれも達成度は3割、十分なことができたわけではありませんが、次世代の競技団体、スポーツ界、われわれのやってきたことや失敗から学んだケース・スタディーも参考にしていただいて、またさらに新しい視点から、より良い経営を目指していただきたいと期待をしています。

おわりに

最後まで読んでいただき有難う御座いました。

本書の出版にあたり、ここでそのすべての方々のお名前を尽くすことはできませんが、フェンシング関係者をはじめとして、幅広く多くの方に目を通していただき、さまざまな助言をいただきました。心より感謝を申し上げます。

ファイナンスや経営論の立場からは、小林博之氏（株式会社ソーシャルキャピタルマネジメント代表取締役社長）と、加藤雅則氏（株式会社アクション・デザイン代表取締役、早稲田大学大学院ビジネス・スクール非常勤講師）のお二人には、丁寧に読んでいただき貴重な助言をいただきました。

スポーツライターの田中夕子氏には、固い論文調の私の文章を平易な文章に直していただきました。徳間書店書籍編集局のブックプロデューサーの苅部達矢氏には、さまざまなアイディアをいただきながら編集していただきました。

読者の方々に広く手に取っていただけているとすれば、お二人のおかげです。

のでしょうか。

「改革」を希求せざるを得ない、今の日本を広く覆う「閉塞感」はどこから生まれている

私は今の状況のすべてを頭から否定するつもりはありません。多くの先人たちが、その時代の環境や制約のもとで一生懸命築き上げてきたものの集積です。その先人たちに感謝しこそすれ、非難する気にはとてもなれません。

一方、国際的な経営環境の変化は著しいものがあります。そして、加速度的に速まっています。

本書で取り扱った大変ミクロな例ですが、スポーツ競技団体を例にとれば、経営規模は東京2020を目掛けて巨大化の一途をたどりました。

また、コロナ禍での東京2020の延期と開催は「社会におけるスポーツの意義」を広く国民に問うものとなりました。

さらに、世界では「ソフト・ロー」の領域が広がり、「社会が求めるトップアスリートの役割」にも大きな変化が生じています。

今、責任を負う世代が、「現状の経営スタイルや社会的枠組みが最適ではない（なくなってきている）」と現状を疑ってみる、再考してみる意義は十分にあると思います。本書がその具体的なアクションのきっかけになれば、これにまさるものはありません。

日本人の国民性として「真面目」であることがよくあげられます。本当にそうだと思います。行政の方も、現状の制度設計に則り本当によくやってくださっています。

しかしながら、大人になり筋骨隆々となった体には、昔の子ども時代の洋服は窮屈になります。

同じように変化する社会において制度設計をそのままとし、無理やり昔の洋服を着せようとすると「膨大な社会的エネルギーの損失」が発生してしまうでしょう。

着る方も、着せる方も大変です。今がそういう状態であると感じています。

日本を見渡すと、スポーツ競技団体にとどまらず、環境変化にそぐわなくなった「基本的な制度設計」が諸所に残されているのではないでしょうか。

おそらく最大のポイントは、「基本的な制度設計を変えるプロセス」が整備されていないことだと思っています。

重要な課題ですが、残念ながら本書の領域を超えてしまいました。私はスポーツ競技団体での役割を終えた身ですが、その御恩返しとして、これからは、よりメタ・レベル（上位レベル）での「改革」について、少しでもお役に立てればと考えています。

宮脇信介

2021年12月

宮脇信介（みやわき・のぶすけ）

1960年12月7日生まれ、東京都出身。1984年東京大学経済学部を卒業後、日本興業銀行等で金融市場分析や株式・債券の運用業務に従事。1991年米国カリフォルニア大学バークレー校でMBAを取得後、2000年以降ブラックロック等外資系運用会社に勤務し、債券運用ならびに債券投資プロダクト開発等を行う。2017年からFinTech企業のSasukeFinancialLab（株）の経営に参画し取締役を務める。2014年に日本フェンシング協会常務理事に就任、2017年から2021年まで専務理事を務め、協会運営の透明化・ガバナンス強化、企業と連携した副業兼業プロジェクトによる外部人材の活用など、太田雄貴会長とともにさまざまな経営課題の解決に取り組んだ。

CFA協会認定証券アナリスト（CFA）、日本証券アナリスト協会検定会員（CMA）

TEAM STAFF
構　成　田中夕子
装　丁　坂井栄一（坂井図案室）
校　正　月岡廣吉郎　安部千鶴子（美笑企画）
組　版　キャップス
編　集　苅部達矢（徳間書店）

チーム・イノベーション
ヒト・カネ・モノのない組織の立て直し方

第1刷　2021年12月31日
著　者　宮脇信介
発行者　小宮英行
発行所　株式会社徳間書店
〒141-8202 東京都品川区上大崎3-1-1 目黒セントラルスクエア
電話／編集 03-5403-4344　販売 049-293-5521
振替／00140-0-44392
印刷・製本　大日本印刷株式会社

ISBN978-4-19-865401-6